Stilkes Rechtsbibliothek Nr. 152
Die Gesetze des Deutschen Reichs mit systematischen Erläuterungen

Arbeitsdienstrecht

Reichsarbeitsdienstgesetz nebst einschlägigen Gesetzen und Verordnungen

zusammengestellt von

Dr. August Dahm
Rechtsanwalt in Düsseldorf

1936

Verlag von Walter de Gruyter & Co. in Berlin

Inhaltsverzeichnis.

Zweiter Abschnitt: Erfassung für den Reichsarbeitsdienst

Dritter Abschnitt

Vorwort.

Die vorliegende Ausgabe bezweckt eine einheitliche Zusammenfassung der für den Reichsarbeitsdienst erlassenen Gesetze und Verordnungen. In erster Linie für die Angehörigen des Reichsarbeitsdienstes und solche, die es werden wollen und sollen, bestimmt, soll die Ausgabe nicht weniger den Angehörigen der Dienstpflichtigen, diesen hinsichtlich der ihnen zustehenden Ansprüche, schließlich den mit dem Reichsarbeitsdienst unmittelbar oder mittelbar befaßten Behörden ein Hilfsmittel sein. Darüber hinaus soll die Ausgabe alle Volksgenossen einen Überblick über die volkswichtige Einrichtung des Reichsarbeitsdienstes geben, jene Einrichtung, um die uns wegen ihrer vorbildlichen Beschaffenheit jede Kulturnation beneiden wird, zumal zugleich das soziale Problem eine befriedigende Lösung gefunden hat.

Wenn die Ausgabe der Praxis einige Dienste leistet, ist der angestrebte Zweck erreicht.

Es ist mir ein Bedürfnis, der Reichsdienststelle des Reichsarbeitsdienstes für das verständnisvolle Entgegenkommen auch an dieser Stelle meinen aufrichtigen Dank auszusprechen.

Düsseldorf, im Juni 1936.

Rechtsanwalt Dr. Dahm.

Erster Abschnitt.

Der Reichsarbeitsdienst.

I. Reichsarbeitsdienstgesetz

vom 26. Juni 1935 (RGBl. I S. 769).

Abschnitt I.

Der Reichsarbeitsdienst.

§ 1.

(1) Der Reichsarbeitsdienst ist Ehrendienst am Deutschen Volke.

(2) Alle jungen Deutschen beiderlei Geschlechts [1]) sind verpflichtet, ihrem Volk im Reichsarbeitsdienst zu dienen.

(3) Der Reichsarbeitsdienst soll die deutsche Jugend im Geiste des Nationalsozialismus zur Volksgemeinschaft und zur wahren Arbeitsauffassung, vor allem zur gebührenden Achtung der Handarbeit erziehen.

(4) Der Reichsarbeitsdienst ist zur Durchführung gemeinnütziger Arbeiten bestimmt.

[1]) Vgl. VO. vom 1. Oktober 1935, Art. 1 (III, 2); wegen der Arbeitsdienstpflicht der weiblichen Jugend § 9; wegen der Ausnahmen von der Arbeitsdienstpflicht §§ 5—7.

§ 2.

(1) Der Reichsarbeitsdienst untersteht dem Reichsminister des Innern. Unter ihm übt der Reichsarbeitsführer die Befehlsgewalt über den Reichsarbeitsdienst aus.

(2) Der Reichsarbeitsführer steht an der Spitze der Reichsleitung des Arbeitsdienstes; er bestimmt die Organisation, regelt den Arbeitseinsatz und leitet Ausbildung und Erziehung.

Abschnitt II.

Die Arbeitsdienstpflicht der männlichen Jugend.

§ 3.

(1) Der Führer und Reichskanzler bestimmt die Zahl der alljährlich einzuberufenden Dienstpflichtigen und setzt die Dauer der Dienstzeit fest.[1])

(2) Die Dienstpflicht beginnt frühestens nach vollendetem 18. und endet spätestens mit Vollendung des 25. Lebensjahres.

(3) Die Arbeitsdienstpflichtigen werden in der Regel in dem Kalenderjahr, in dem sie das 19. Lebensjahr vollenden, zum Reichsarbeitsdienst einberufen. Freiwilliger Eintritt in den Reichsarbeitsdienst zu einem früheren Zeitpunkt ist möglich.[2])

(4) Freiheitsstrafen von mehr als 30 Tagen Dauer haben die Arbeitsdienstpflichtigen und Arbeitsdienstfreiwilligen nachzudienen,[2]) sofern sie nicht nach § 16 aus dem Reichsarbeitsdienst ausscheiden.

[1]) Vgl. Erlaß vom 27. Juni 1935 (II).

[2]) Vgl. VO. vom 27. Juni 1935 (III, 1), § 3.

§ 4.

Die Arbeitsdienstpflichtigen werden durch die Ersatzdienststellen des Reichsarbeitsdienstes ausgehoben.[1])

[1]) Vgl. die Bestimmungen des zweiten Abschnittes.

§ 5.

(1) Ausgeschlossen vom Reichsarbeitsdienst ist, wer

a) mit Zuchthaus bestraft ist,

b) nicht im Besitze der bürgerlichen Ehrenrechte ist,[1])

c) den Maßregeln der Sicherung und Besserung nach § 42 a [2]) des Strafgesetzbuchs unterworfen ist,

d) aus der Nationalsozialistischen Deutschen Arbeiterpartei wegen ehrenrühriger Handlungen ausgeschlossen ist,

e) wegen staatsfeindlicher Betätigung gerichtlich bestraft ist.

(2) Der Reichsminister des Innern kann Ausnahmen zum Abs. 1 Buchstabe c und e zulassen.[3])

(3) Arbeitsdienstpflichtige, gegen die auf Aberkennung der Fähigkeit zum Bekleiden öffentlicher Ämter [4]) erkannt worden ist, dürfen erst nach Ablauf der im Urteil für diese Ehrenstrafe vorgesehenen Zeit einberufen werden.[5])

[1]) Vgl. StGB. §§ 32 ff.

[2]) Vgl. XVI, 3.

[3]) Vgl. VO. vom 1. Oktober 1935, Art. 8 (III, 2).

[4]) Vgl. StGB. §§ 33, 35, 36.

[5]) Wegen Entlassung vgl. §§ 12 II, 16 II.

§ 6.

(1) Zum Reichsarbeitsdienst nicht herangezogen werden Personen, die für den Reichsarbeitsdienst völlig untauglich sind.

(2) Arbeitsdienstpflichtige, die im Ausland leben oder für längere Zeit ins Ausland gehen wollen, können bis zu zwei Jahren, in Ausnahmefällen dauernd, jedoch höchstens für die Zeit des Aufenthalts im Auslande von der Ableistung der Arbeitsdienstpflicht entbunden werden.[1])

[1]) Vgl. VO. vom 31. Januar 1936, §§ 7 ff. (XIII).

§ 7.

(1) Zum Reichsarbeitsdienst kann nicht zugelassen werden, wer nichtarischer Abstammung ist oder mit einer Person nichtarischer

Abstammung verheiratet ist. Wer als Person nichtarischer Abstammung zu gelten hat, bestimmen die Richtlinien des Reichsministers des Innern zu § 1 a Abs. 3 des Reichsbeamtengesetzes vom 8. August 1933 (RGBl. I S. 575).[1, 2]

(2) Nichtarier, die nach § 15 Abs. 2 des Wehrgesetzes[3]) für wehrfähig erklärt werden, können auch zm Reichsarbeitsdienst zugelassen werden. Sie können jedoch nicht Vorgesetzte im Reichsarbeitsdienst werden.

1) Vgl. XVI, 8.
2) Wegen Entlassung vgl. §§ 12 II, 16 II.
3) Vgl. XV, 1.

§ 8.

Arbeitsdienstpflichtige können von der Einberufung zum Reichsarbeitsdienst bis zu zwei Jahren, bei Vorliegen zwingender beruflicher Gründe bis zu fünf Jahren zurückgestellt werden.[1])

1) Wegen weiterer Zurückstellungsgründe vgl VO. vom 1 Oktober 1935, Art. 10 (III, 2).

Abschnitt III.

Die Arbeitsdienstpflicht der weiblichen Jugend.

§ 9.

Die Vorschriften über die Arbeitsdienstpflicht der weiblichen Jugend bleiben besonderer gesetzlicher Regelung vorbehalten.[1])

1) Vgl. VO. vom 1. Oktober 1935, Art 11 (III, 2).

Abschnitt IV.

Pflichten und Rechte der Angehörigen des Reichsarbeitsdienstes.

§ 10.

(1) Zu den Angehörigen des Reichsarbeitsdienstes gehören

a) das Stammpersonal,[1])
b) die einberufenen Arbeitsdienstpflichtigen,[2])
c) die Arbeitsdienstfreiwilligen.

(2) Zu bestimmten Dienstverrichtungen im Innendienst können auch Personen durch Dienstvertrag verpflichtet werden.[3])

1) Vgl. § 11.
2) Vgl. § 3 III.
3) Vgl. VO. vom 1. Oktober 1935, Art. 12 III (III, 2).

§ 11.

(1) Das Stammpersonal besteht aus den planmäßigen Führern[1]) und Amtswaltern[2]) sowie den Anwärtern auf diese Stellen. Die planmäßigen Führer und Amtswalter sind im Reichsarbeitsdienst berufsmäßig tätig.

(2) Der Führeranwärter muß sich vor seiner Beförderung zum planmäßigen Truppführer schriftlich zu seiner ununterbrochenen

Dienstzeit von mindestens zehn Jahren verpflichten und den Nachweis arischer Abstammung führen; er muß weiter seiner aktiven Dienstpflicht in der Wehrmacht genügt haben.

(3) Planmäßige Führer und Amtswalter scheiden grundsätzlich bei Erreichung bestimmter Altersgrenzen aus [3])

(4) Beamten anderer Verwaltungen, die in den Reichsarbeitsdienst übertreten, bleiben die bis dahin erworbenen vermögensrechtlichen Ansprüche erhalten.

(5) Der Führer und Reichskanzler ernennt und entläßt die Angehörigen des Reichsarbeitsdienstes von dem Range des Arbeitsführers an aufwärts [4]) Die übrigen Angehörigen des Stammpersonals ernennt und entläßt der Reichsminister des Innern auf Vorschlag des Reichsarbeitsführers Er kann diese Befugnis auf den Reichsarbeitsführer übertragen [4, 5])

[1]) Truppführer, Oberfeldmeister Oberstarbeitsführer
Obertruppführer Oberstfeldmeister Generalarbeitsführer
Unterfeldmeister Arbeitsführer Obergeneralarbeitsführer
Feldmeister Oberarbeitsführer Reichsarbeitsführer

[2]) Amtswalter — Oberamtswalter — Hauptamtswalter — Stabsamtswalter — Oberstabsamtswalter

Zu 1 und 2 vgl Besoldungsordnung (gelangt nicht zum Abdruck).

[3]) Vgl. vorläufiges Reichsarbeitsdienstversorgungsgesetz (VI).

[4]) Wegen der Beteiligung des Stellvertreters des Führers bei der Ernennung vgl Erlaß vom 3 April 1936 (RGBl. I 373).

[5]) Vgl VO. vom 23. März 1936, Art. 8 (III, 3).

§ 12.

(1) Ein planmäßiger Führer oder Amtswalter kann jederzeit aus dem Dienstverhältnis entlassen werden,[1])

a) in begründeten Fällen auf eigenen Antrag,

b) wenn er die zur Ausübung seines Berufs erforderlichen körperlichen oder geistigen Kräfte nicht mehr besitzt und nach arbeitsdienstärztlichem Gutachten eine Wiederherstellung der Dienstfähigkeit innerhalb Jahresfrist nicht zu erwarten steht,

c) wenn er nach dem Urteil seiner übergeordneten Führer die für seine dienstliche Verwendung nötige Befähigung nicht mehr besitzt.[2])

(2) Eine Entlassung muß erfolgen, wenn nachträglich ein Hinderungsgrund für die Zugehörigkeit zum Reichsarbeitsdienst nach § 5 oder § 7 festgestellt wird.

(3) Die Absicht der Entlassung ist in den Fällen des Absatzes 1 Buchstabe b und c den Angehörigen des Stammpersonals, die länger als fünf Jahre dienen, drei Monate, den übrigen Angehörigen des Stammpersonals ein Monat vorher unter Angabe der Gründe bekanntzugeben [3]) In allen übrigen Fällen bedarf die Entlassung keiner befristeten Ankündigung.

[1]) Wegen Entlassung der Arbeitsdienstpflichtigen und Arbeitsdienstfreiwilligen vgl. § 16.
[2]) Vgl. VO. vom 1. Oktober 1935, Art. 15 I (III, 2).
[3]) Vgl. ebenda Art. 15 II.

§ 13.

Die Zugehörigkeit zum Reichsarbeitsdienst dauert vom Tage des Eintritts oder der Einberufung (Gestellungstag) bis zum Ablauf des Entlassungstags.

§ 14.

Die Zugehörigkeit zum Reichsarbeitsdienst begründet kein Arbeits- oder Dienstverhältnis im Sinne des Arbeitsrechts und des § 11 der Fürsorgepflichtverordnung.

§ 15.

Die Angehörigen des Reichsarbeitsdienstes unterstehen der Dienststrafordnung für den Reichsarbeitsdienst [1])

[1]) Vgl IX, 1.

§ 16.

(1) Arbeitsdienstpflichtige und Arbeitsdienstfreiwillige können vorzeitig aus dem Reichsarbeitsdienst entlassen werden.

a) auf Antrag, wenn nach der Einberufung ein Zurückstellungsgrund nach § 8 eingetreten ist,
b) wenn sie die zur Ausübung des Dienstes erforderlichen körperlichen oder geistigen Eigenschaften nicht mehr besitzen.

(2) Eine vorzeitige Entlassung von Arbeitsdienstpflichtigen und Arbeitsdienstfreiwilligen muß erfolgen, wenn nachträglich ein Hinderungsgrund für die Zugehörigkeit zum Reichsarbeitsdienst nach § 5 oder § 7 festgestellt wird.

§ 17.

(1) Angehörige des Reichsarbeitsdienstes, die der Nationalsozialistischen Deutschen Arbeiterpartei zugehören, dürfen sich im Dienste der Partei oder ihrer Gliederungen [1]) nicht betätigen.

(2) Die Angehörigen des Reichsarbeitsdienstes bedürfen zum Erwerb oder zur Ausübung der Mitgliedschaft in Vereinigungen jeder Art sowie zur Bildung von Vereinigungen innerhalb und außerhalb des Reichsarbeitsdienstes der Genehmigung [2]) Der Erwerb der Zugehörigkeit zur Nationalsozialistischen Deutschen Arbeiterpartei bedarf keiner Genehmigung.

[1]) Gliederungen der Partei sind: Die SA, die SS., das Nationalsozialistische Kraftfahrkorps, die Hitlerjugend (einschließlich des Jungvolks, des Bundes Deutscher Mädel und der Jungmädel), der NS.-Deutsche Studentenbund und die NS.-Frauenschaft. Nicht als Gliederungen anzusehen sind: die NS.-Volkswohlfahrt e. V., die NS.-Kriegsopferversorgung e V., der Reichsluftschutzbund e. V., der Deutsche Luftsportverband e. V, die Technische Nothilfe e. V., der Volksbund für das Deutschtum im Ausland, die Arbeitsfront usw
[2]) Vgl. VO. vom 1. Oktober 1935, Art. 20 (III, 2).

§ 18.

Die Angehörigen des Reichsarbeitsdienstes bedürfen zur Verheiratung der Genehmigung [1])

[1]) Vgl. VO. vom 1. Oktober 1935, Art. 22 (III, 2).

§ 19.

Die Angehörigen des Reichsarbeitsdienstes bedürfen der Genehmigung zur Übernahme des Betriebs eines Gewerbes für sich und ihre Hausstandsmitglieder sowie zur Übernahme einer mit Vergütung verbundenen Nebenbeschäftigung.[1])

[1]) Vgl. Note Nr. 1 zu § 18.

§ 20.

(1) Die Angehörigen des Reichsarbeitsdienstes können die Übernahme des Amtes eines Vormundes,[1]) Gegenvormundes,[2]) Pflegers,[3]) Beistandes[4]) oder einer ehrenamtlichen Tätigkeit im Reichs-, Landes- oder Gemeindedienst oder im Parteidienst[5]) ablehnen.

(2) Zur Übernahme eines solchen Amtes ist die Genehmigung erforderlich[6]) Sie darf nur in zwingenden Fällen versagt werden.

[1]) Vgl BGB. §§ 1773 ff, 1896.
[2]) Ebenda § 1792.
[3]) Ebenda §§ 1909 ff.
[4]) Ebenda §§ 1687 ff.
[5]) Vgl. VO vom 1 Oktober 1935, Art. 23 (III, 2).
[6]) Ebenda Art. 22.

§ 21.

Angehörige des Reichsarbeitsdienstes haben bei Krankheiten und Unfällen Anspruch auf freie ärztliche Behandlung und Krankenpflege nach Maßgabe besonderer Bestimmungen.[1])

[1]) Vgl. VO. vom 23. März 1936, Art 3—5 (III, 3); VO. vom 24. März 1936 (III, 4). Wegen der Angehörigen der Arbeitsdienstpflichtigen vgl. Gesetz vom 30. März 1936 (IV), sowie VO. vom 30. März 1936 (V).

§ 22.

Die Gebührnisse der Angehörigen des Reichsarbeitsdienstes regelt die Besoldungsordnung für den Reichsarbeitsdienst.

§ 23.

(1) Für die vermögensrechtlichen Ansprüche aus der Zugehörigkeit zum Reichsarbeitsdienst finden die für Reichsbeamte geltenden Bestimmungen[1]) entsprechende Anwendung. Oberste Dienstbehörde im Sinne dieser Bestimmungen ist der Reichsarbeitsführer.

(2) Die Entscheidung der Dienststellen des Reichsarbeitsdienstes über Einstellung (§§ 5, 6, 7), Zurückstellung (§ 8) und Entlassung (§§ 12 und 16) ist für die Gerichte bindend. Das gleiche gilt für die Entscheidung über vorläufige Dienstenthebung.

[1]) Vgl. XVI, 5. Wegen der Vertretung des Reichsführers vgl. VO. vom 23. März 1936, Art. 2 (III, 3).

§ 24.

Die Versorgung der Dienstbeschädigten und des nach mindestens zehnjähriger Dienstzeit ausscheidenden Stammpersonals und der Hinterbliebenen regelt das Reichsarbeitsdienstversorgungsgesetz.[1])

[1]) Vgl. VI, VII.

§ 25.

(1) Der Führer und Reichskanzler oder die von ihm ermächtigte Stelle kann den ausscheidenden Angehörigen des Reichsarbeitsdienstes das Recht zum Tragen der Tracht des Reichsarbeitsdienstes[1]) widerruflich verleihen.

(2) Dieses Recht wird in der Regel nur nach einer in Ehren geleisteten Dienstzeit von mindestens zehn Jahren verliehen.

[1]) Wegen des strafrechtlichen Schutzes der Tracht vgl. Gesetz gegen heimtückische Angriffe auf Staat und Partei und zum Schutz der Parteiuniformen vom 20. Dezember 1934 (RGBl. I S. 1269), sowie die Durchführungsverordnungen vom 15. Februar 1935 (RGBl. I S. 204), vom 22. Februar 1935 (RGBl. I S. 276) und vom 16. März 1935 (RGBl. I S. 387).

Abschnitt V.

Schlußbestimmungen.

§ 26.

Der Reichsminister des Innern erläßt die zur Durchführung und Ergänzung dieses Gesetzes erforderlichen Rechts- und Verwaltungsvorschriften.[1])

[1]) Vgl. III, 1—4.

§ 27.

(1) Dieses Gesetz tritt mit dem Tage der Verkündung in Kraft.[1])

(2) Der Reichsminister des Innern wird ermächtigt, für einzelne Vorschriften dieses Gesetzes einen späteren Zeitpunkt des Inkrafttretens zu bestimmen.[2])

[1]) 27. Juni 1935.

[2]) Vgl. VO. vom 27. Juni 1935, § 6 (III, 1).

II. Erlaß des Führers und Reichskanzlers über die Dauer der Dienstzeit und die Stärke des Reichsarbeitsdienstes.

Vom 27. Juni 1935 (RGBl. I S. 772).

Zum § 3 des Reichsarbeitsdienstgesetzes vom 26. Juni 1935 (RGBl. I S. 769) verordne ich:

Die Dienstzeit im Reichsarbeitsdienst beträgt bis auf weiteres ein halbes Jahr.

Der Reichsminister des Innern ist ermächtigt, im Einvernehmen mit dem Reichskriegsminister für die Übergangszeit bestimmte Gruppen von Wehrpflichtigen ganz oder teilweise von der Arbeitsdienstpflicht zu befreien.

Die Stärke des Reichsarbeitsdienstes wird für die Zeit vom 1. Oktober 1935 bis 1. Oktober 1936 auf durchschnittlich 200 0000 Mann einschließlich des Stammpersonals festgesetzt.

III. Verordnung zur Durchführung und Ergänzung des Reichsarbeitsdienstgesetzes.

1. Erste Verordnung.

Vom 27. Juni 1935 (RGBl. I S. 772).

Auf Grund der §§ 26 und 27 des Reichsarbeitsdienstgesetzes vom 26. Juni 1935 (RGBl. I S. 769) wird verordnet:

§ 1.

Die Verordnungen, die der Reichsarbeitsführer auf Grund des § 2 Abs. 2 des Reichsarbeitsdienstgesetzes erläßt, können auch im Verordnungsblatt der Reichsleitung des Arbeitsdienstes verkündet werden.

§ 2.

Freiwilliger Eintritt in den Reichsarbeitsdienst ist von Vollendung des 17. Lebensjahres ab möglich.

§ 3.

Wenn ein Arbeitsdienstpflichtiger unmittelbar im Anschluß an die Dienstzeit im Reichsarbeitsdienst zum Wehrdienst eingezogen wird, so kann er von der Verpflichtung zum Nachdienen gemäß § 3 Abs 4 des Reichsarbeitsdienstgesetzes entbunden werden.

§ 4.

Für Arbeitsdienstpflichtige im Ausland ist die Meldestelle beim Polizeipräsidium Berlin zuständig.[1])

[1]) Vgl. jetzt VO. vom 31. Januar 1936 (XIII).

§ 5.

Der Reichsarbeitsführer trifft für den Freiwilligen Frauenarbeitsdienst die zur Vorbereitung der Arbeitsdienstpflicht der weiblichen Jugend erforderlichen Maßnahmen.

§ 6.

Die Bestimmungen über Pflichten und Rechte der Angehörigen des Reichsarbeitsdienstes (Abschnitt IV des Reichsarbeitsdienstgesetzes) treten am 1 Oktober 1935 in Kraft. Bis dahin behalten die bisherigen Bestimmungen für den Freiwilligen Arbeitsdienst Gültigkeit.

2. Zweite Verordnung.

Vom 1. Oktober 1935 (RGBl. I S. 1215).

Auf Grund des § 26 des Reichsarbeitsdienstgesetzes vom 26. Juni 1935 (RGBl. I S. 769) wird verordnet:

Artikel 1.

Deutscher im Sinne des § 1 des Reichsarbeitsdienstgesetzes ist jeder Reichsangehörige, auch wenn er außerdem im Besitz einer ausländischen Staatsangehörigkeit ist.

Wer die deutsche Staatsangehörigkeit nicht besitzt, bedarf zum Eintritt in den Reichsarbeitsdienst der Genehmigung des Führers und Reichskanzlers, der die Befugnis auf den Reichsminister des Innern übertragen kann.[1])

[1]) Durch Erlaß vom 26. März 1936 (RGBl. I S. 343) ist die Befugnis dem Reichsminister des Innern übertragen.

Artikel 2.

Die Arbeitsdienstpflicht gilt für diejenigen Dienstpflichtigen als erfüllt, die vor dem 1. Oktober 1935 den Arbeitspaß erhalten haben oder nachweisen, daß sie vor dem 15. Dezember 1933 mindestens 20 Wochen im Freiwilligen Arbeitsdienst gestanden haben. Die Dienstpflicht gilt auch als erfüllt, wenn Dienstpflichtige vor dem 1. Oktober 1935 mindestens drei Monate Dienst in der Wehrmacht oder in der Landespolizei verrichtet oder vor dem 1. Oktober 1935 das Pflichtenheft der Studentenschaft erhalten haben.

Artikel 3.

Die Zuständigkeit des Reichskommissars für den Freiwilligen Arbeitsdienst gehen mit Wirkung ab 1. Oktober 1935 auf den Reichsarbeitsführer über.

Artikel 4.

Die Rechte und Pflichten der Wachen und Posten im Reichsarbeitsdienst werden durch Verordnung des Reichsarbeitsführers geregelt.[1])

[1]) Vgl. VO. vom 29. April 1936 (X).

Artikel 7.

Der Dienstpflichtige ist verpflichtet, dem Einberufungsbefehl zum Reichsarbeitsdienst Folge zu leisten. Die Strafbestimmungen des § 11 der Verordnung über Musterung und Aushebung 1935 (RGBl. I S. 697) gelten entsprechend.[1])

Für die Musterung und Aushebung des Geburtsjahrgangs 1915 gilt die Verordnung über die Musterung und Aushebung 1935 entsprechend. Vorschriften zur Durchführung und Ergänzung dieser Verordnung erläßt der Reichsarbeitsführer.

[1]) Jetzt VO. vom 21. März 1936 (XV, 2).

Artikel 8.

Die im § 5 Abs. 2 des Reichsarbeitsdienstgesetzes zugelassenen Ausnahmen vom Ausschluß aus dem Reichsarbeitsdienst werden nur auf Antrag des Betroffenen gestattet. Der Antrag ist an den Bevollmächtigten des Reichsarbeitsführers beim Wehrbezirkskommando zu richten.

Artikel 9.

Über die Untauglichkeit für den Reichsarbeitsdienst entscheidet bei dem Geburtsjahrgang 1915 der Bevollmächtigte des Reichsarbeitsführers beim Wehrbezirkskommando.

Arbeitsdienstpflichtige des Geburtsjahrgangs 1915, die im Ausland leben, werden zum Reichsarbeitsdienst nicht eingezogen.

Artikel 10.

Arbeitsdienstpflichtige können insbesondere aus folgenden Gründen von der Einberufung zum Reichsarbeitsdienst zurückgestellt werden:

a) Wegen Überzähligkeit,
b) wegen zeitlicher Untauglichkeit,
c) wegen schwebender Gerichtsverfahren, deren Ergebnis von Einfluß auf die Einstellung in den Reichsarbeitsdienst sein kann,
d) aus besonderen häuslichen, wirtschaftlichen oder beruflichen Gründen.

Die §§ 21 bis 27 und 42 der Verordnung über Musterung und Aushebung 1935 gelten entsprechend.[1])

Über die Zurückstellung entscheidet beim Geburtsjahrgang 1915 der Bevollmächtigte des Reichsarbeitsführers beim Wehrbezirkskommando im Einvernehmen mit der Kreispolizeibehörde.

[1]) Jetzt VO. vom 21. März 1936, §§ 22—27, 42 (XV, 2).

Artikel 11.

Eine Einberufung zur Arbeitsdienstpflicht der weiblichen Jugend findet für die Zeit vom 1. Oktober 1935 bis 1. Oktober 1937 nicht statt.

Artikel 12.

Als freiwillig länger Dienende können eingestellt werden:

a) Angehörige des bisherigen Freiwilligen Arbeitsdienstes, die sich auf eine weitere Dienstzeit von mindestens sechs Monaten verpflichten,
b) sonstige Personen, die sich zu einer Dienstzeit von mindestens 12 Monaten verpflichten.

Die Verpflichtung ist schriftlich bei der Arbeitsdienstgruppe einzureichen.

Der Dienstvertrag gemäß § 10 Abs. 2 des Reichsarbeitsdienstgesetzes wird nach den näheren Bestimmungen der Reichsleitung des Arbeitsdienstes durch den Führer des Arbeitsgaues abgeschlossen.

Artikel 13.

Die Angehörigen des Reichsarbeitsdienstes leisten bei ihrem Eintritt in den Reichsarbeitsdienst folgenden Eid:

„Ich schwöre: Ich will dem Führer des Deutschen Reiches und Volkes, Adolf Hitler, unverbrüchliche Treue wahren, ihm und den von ihm bestellten Führern unbedingten Gehorsam leisten, meine Dienstpflichten gewissenhaft erfüllen und allen Angehörigen des Reichsarbeitsdienstes ein guter Kamerad sein."

Soweit Angehörige des Reichsarbeitsdienstes die Reichsangehörigkeit nicht besitzen, leisten sie folgenden Eid:

„Ich schwöre: Im Bekenntnis zum deutschen Volkstum will ich meine Pflichten als Arbeitsmann im deutschen Reichsarbeitsdienst getreulich erfüllen."

Artikel 15.

Welche Führer zur Abgabe eines dienstlichen Urteils im Sinne des § 12 Abs. 1 zu c des Reichsarbeitsdienstgesetzes berufen sind, regelt der Reichsarbeitsführer durch allgemeine Anordnung über das Beurteilungsverfahren. Die Entscheidung über die Entlassung der planmäßigen Führer und Amtswalter trifft die im § 11 Abs. 5 des Reichsarbeitsdienstgesetzes genannte Stelle.

Die im § 12 Abs. 3 des Reichsarbeitsdienstgesetzes genannten Fristen für die Entlassung des Stammpersonals sind Mindestfristen.

Artikel 16.

Entlassungstag ist der Tag, an dem den Angehörigen des Reichsarbeitsdienstes die Bescheinigung über die Entlassung ordnungsmäßig von der zuständigen Stelle übermittelt worden ist.

Artikel 17.

Die Zugehörigkeit zur Reichsarbeitsdienst begründet kein Beschäftigungsverhältnis im Sinne des sozialen Versicherungsrechtes.

Artikel 18

aufgehoben (vgl. IX, 1 § 30).

Artikel 19.

Zuständig zur Entscheidung über vorzeitige Entlassung Arbeitsdienstpflichtiger und Arbeitsdienstfreiwilliger ist der Führer des Arbeitsgaues. Er hat im Falle des § 16 Abs. 1 zu b des Reichsarbeitsdienstgesetzes ein Gutachten des Gauarztes einzuholen.

Artikel 20.

Die Genehmigung zum Erwerb und zur Ausübung der Mitgliedschaft in Vereinigungen (§ 17 Abs. 2 des Reichsarbeitsdienstgesetzes) erteilt der Führer des Arbeitsgaues.

Artikel 21.

Die Genehmigung zur Verheiratung soll nur erteilt werden, wenn der Angehörige des Reichsarbeitsdienstes mindestens 25 Jahre alt ist. Die Braut muß arischer Abstammung sein und einen guten Leumund haben, sie soll erbgesund sein und in geordneten wirtschaftlichen Verhältnissen leben.

Artikel 22.

Die Genehmigung zur Verheiratung (§ 18 des Reichsarbeitsdienstgesetzes), zur Übernahme des Betriebs eines Gewerbes (§ 19 des

Reichsarbeitsdienstgesetzes) und zur Übernahme der im § 20 des Reichsarbeitsdienstgesetzes genannten Ämter erteilt für Angehörige des Reichsarbeitsdienstes bis zum Unterfeldmeister einschließlich der Führer des Arbeitsgaues, im übrigen der Reichsarbeitsführer, der die Befugnis weiter übertragen kann.

Artikel 23.

Die Übernahme eines Amtes im Parteidienst (§ 20 Abs. 1 des Reichsarbeitsdienstgesetzes) kann nur für vorübergehende Tätigkeit genehmigt werden.

Artikel 24.

Angehörige des Reichsarbeitsdienstes, die nach Erfüllung ihrer Dienstpflicht in Ehren aus dem Reichsarbeitsdienst ausscheiden, haben bei Bewerbung um Beschäftigung im öffentlichen Dienst neben den ehemaligen Soldaten den Vorrang vor sonstigen Bewerbern gleicher Eignung. Bei Vermittlung in Arbeitsplätze der freien Wirtschaft sind sie bevorzugt zu berücksichtigen. Bei Rückkehr in den Zivilberuf darf ihnen aus der durch die Arbeitsdienstpflicht bedingten Abwesenheit kein Nachteil erwachsen.

Die gesetzlich festgesetzten Rechte der Kriegsbeschädigten werden hierdurch nicht berührt.

Artikel 25.

Diese Verordnung tritt am 1. Oktober 1935 in Kraft.

3. Fünfte Verordnung.

Vom 23. März 1936 (RGBl. I S. 198).

Auf Grund der §§ 26 und 27 Abs. 2 des Reichsarbeitsdienstgesetzes vom 26. Juni 1935 (RGBl. I S. 769) wird verordnet:

Artikel 1.

Das Symbol des Reichsarbeitsdienstes ist ein aufwärts gerichtetes Spatenblatt mit zwei Ähren.

Artikel 2.

(1) Der Reichsfiskus wird, soweit keine abweichenden gesetzlichen Vorschriften bestehen, für den Geschäftsbereich des Reichsarbeitsdienstes vertreten:

a) im Geschäftsbereich eines Arbeitsgaues und im Geschäftsbereich eines Hauptmeldeamtes, dessen Sitz im Bezirk des Gaues liegt,
   durch den zuständigen Arbeitsgauführer,

b) im übrigen einschließlich des Geschäftsbereichs der Schulen, der Beschaffungs- und Bekleidungsämter,
   durch den Reichsarbeitsführer.

(2) Bei der Pfändung und Überweisung von Ruhegeld, Wartegeld oder Hinterbliebenenbezügen (§§ 829, 835 der Zivilprozeßordnung) und bei der Benachrichtigung von einer bevorstehenden Pfändung (§ 845 der Zivilprozeßordnung), ist zur Vertretung des

Reichsfiskus neben den im Abs. 1 genannten Dienststellen auch das Versorgungsamt berufen, das die Bezüge zahlt.

Artikel 3.

(1) Die Angehörigen des Reichsarbeitsdienstes bis zum Range eines Oberstarbeitsführers einschließlich aufwärts, haben, soweit sie planmäßig im Außendienst tätig sind, Anspruch auf freie, ärztliche und zahnärztliche Behandlung sowie Anspruch auf freie Krankenhauspflege in der niedrigsten Klasse, und auf Gebrauch von Heil- und Kurmitteln. Angehörige des Reichsarbeitsdienstes vom Unterfeldmeister an einschließlich aufwärts, dürfen aus disziplinaren Gründen auf Reichskosten in die nächsthöhere Klasse aufgenommen werden, wenn sie in der niedrigsten Klasse nicht gesondert untergebracht werden können. Zahnärztliche Behandlung wird nur gewährt, soweit sie nach arbeitsdienstärztlichem Urteil zur Erhaltung oder Wiederherstellung der Dienstfähigkeit notwendig ist.

(2) Die übrigen Angehörigen des Reichsarbeitsdienstes haben die im Abs 1 genannten Ansprüche nur, wenn die Heilfürsorge auf Grund einer anerkannten, in Ausübung des dem Reichsarbeitsdienst eigentümlichen besonderen Dienstes erlittenen Dienstbeschädigung notwendig geworden ist.

Artikel 4.

(1) Die Ehefrauen des Stammpersonals bis zum Range eines Unterfeldmeisters einschließlich aufwärts haben bei Erkrankungen und schwierigen Geburten Anspruch auf freie ärztliche (nicht auf freie zahnärztliche) Behandlung; Kosten für Arznei- und Verbandmittel werden nur erstattet, soweit sie als zur Behandlung unentbehrlich von dem zuständigen Arzt verordnet und bestimmungsgemäß beschafft sind Als unentbehrlich gelten diejenigen Arznei- und Verbandmittel, die die reichsgesetzlichen Krankenkassen im gleichen Falle gewähren würden. Stärkungsmittel werden nicht gewährt.

(2) Die Kinder der im Abs 2 genannten Angehörigen des Stammpersonals haben die Ansprüche nach Abs 1 nur, wenn sie in deren Haushalt leben und wenn für sie Kinderzuschläge gezahlt werden.

(3) Familienangehörige, die auf Grund gesetzlicher Verpflichtung Mitglieder einer Krankenkasse sind, haben die im Abs. 1 genannten Ansprüche nicht.

(4) Die Behandlung erfolgt nur durch Reichsarbeitsdienstärzte oder Vertragsärzte des Reichsarbeitsdienstes oder, wenn diese nicht erreichbar sind, nur durch Ärzte, die der Kassenärztlichen Vereinigung Deutschlands (KVD.) angehören; das gleiche gilt, wenn aus ärztlichen Gründen eine Behandlung durch Reichsarbeitsdienstärzte oder Vertragsärzte des Reichsarbeitsdienstes nicht möglich ist.

Artikel 5.

Ist die Erkrankung (Artikel 3 und 4) durch vorsätzliche oder fahrlässige Körperverletzung entstanden, für die dem Fürsorgeberechtigten ein Dritter nach gesetzlicher Bestimmung schadensersatzpflichtig ist, so hat der Fürsorgeberechtigte die durch die Heilfürsorge des Reiches entstandenen Selbstkosten zu ersetzen. Das Reich kann verlangen, daß ihm der Anspruch gegen den Dritten abgetreten wird. Bei Leistungsunvermögen des Schadensersatzpflichtigen kann der Reichsminister des Innern auf Antrag des Fürsorgeberechtigten von der Rückforderung ganz oder teilweise absehen.

Artikel 6.

Vor Einberufung ihres Geburtsjahrgangs können in den Reichsarbeitsdienst aufgenommen werden:

1. Führeranwärter und andere Personen, die sich zu einer Dienstzeit von insgesamt mindestens einem Jahr verpflichten.
2. Abiturienten, die zu studieren beabsichtigen.
3. Personen, die ohne die vorzeitige Einberufung schwere berufliche Nachteile haben würden.
4. Die von der Wehrmacht angenommenen Freiwilligen aus einem jüngeren als dem dienstpflichtigen Jahrgang.

Artikel 7.

Über die Verpflichtung zum Nachdienen einschließlich der Befreiung entscheidet der Arbeitsgauführer im Einvernehmen mit der zuständigen Wehrersatzdienststelle oder Ersatzbehörde.

Artikel 8.

(1) Die Ernennung von planmäßigen Führern und Amtswaltern vom Range eines Unterfeldmeisters an aufwärts wird wirksam durch Veröffentlichung im Verordnungsblatt der Reichsleitung des Reichsarbeitsdienstes. Die Ernennung der übrigen planmäßigen Führer wird wirksam durch Veröffentlichung in einem Befehl des Reichsarbeitsführers oder des Arbeitsgauführers. Den planmäßigen Führern und Amtswaltern ist nachträglich eine Urkunde über die erfolgte Ernennung auszuhändigen.

(2) Die Entlassung von planmäßigen Führern und Amtswaltern wird wirksam durch Aushändigung einer Entlassungsurkunde.

(3) Die Befugnis zur Ernennung und Entlassung von Angehörigen des Reichsarbeitsdienstes, die dem Reichsminister des Innern nach § 11 Abs. 5 des Reichsarbeitsdienstgesetzes zusteht, wird durch den Reichsarbeitsführer ausgeübt. Er kann diese Befugnis hinsichtlich der Angehörigen des Reichsarbeitsdienstes aufwärts bis zum Obertruppführer einschließlich auf die Arbeitsgauführer, den Leiter der Schulen des Reichsarbeitsdienstes und einen Amtschef der Reichsleitung des Reichsarbeitsdienstes übertragen.

Artikel 9.

(1) Die Vorschriften

a) der §§ 14, 20, 57 Abs. 2, 172, 378 Abs. 2 Satz 2, 752, 790, 850, 850 a, 850 g Ziff. 5, 904 Nr. 2, 905 Nr. 2 und 912 der Zivilprozeßordnung,[1])

b) der §§ 48 Abs. 2, 51 Abs. 4, 98 Abs. 4 und 105 Abs. 4 der Strafprozeßordnung[2]) und

c) der §§ 9, 411 und 570 des Bürgerlichen Gesetzbuchs,[3]) finden auf den Reichsarbeitsdienst und die Angehörigen des Reichsarbeitsdienstes entsprechende Anwendung.

(2) Der Reichsarbeitsführer bestimmt die zuständigen Dienststellen. Im Falle des § 172 der Zivilprozeßordnung erfolgt die Zustellung an den Leiter der zunächst vorgesetzten Dienststelle des Reichsarbeitsdienstangehörigen.

[1]) Vgl. XVI, 2.
[2]) Vgl. XVI, 4.
[3]) Vgl. XVI, 1.

Artikel 10.

Gegen Angehörige des Reichsarbeitsdienstes findet die Festsetzung einer polizeilichen Haft- oder polizeilichen Ersatzstrafe nicht statt.

Artikel 11.

Die Artikel 5, 6 und 14 der Zweiten Verordnung zur Durchführung und Ergänzung des Reichsarbeitsdienstgesetzes vom 11. Oktober 1935 (RGBl. I S. 1215) werden aufgehoben.

Artikel 12.

Artikel 3 bis 5 und 8 treten mit Wirkung vom 1. Oktober 1935 in Kraft Im übrigen tritt die Verordnung am 1. April 1936 in Kraft.

4. Sechste Verordnung.

Vom 24. März 1936 (RGBl. I S. 200).

Auf Grund der §§ 26 und 27 Abs 2 des Reichsarbeitsdienstgesetzes vom 26 Juni 1935 (RGBl. I S. 769) und des Artikels 2 § 2 der Verordnung des Reichspräsidenten über Krankenversicherung vom 1. März 1933 (RGBl. I S. 97) wird verordnet:

Artikel 1.

Die Angehörigen des Reichsarbeitsdienstes sind während der Ausübung ihres Dienstes versicherungsfrei.

Krankenversicherung.

Artikel 2.

(1) Scheidet ein Versicherter aus der Krankenkasse oder der Versicherung aus, um der Arbeitsdienstpflicht zu genügen, so darf die Zeit dieser Dienstleistung nicht zu seinem Nachteil berücksichtigt werden, soweit der Erwerb eines Rechtes aus der Krankenversicherung von der Zurücklegung einer Wartezeit oder davon abhängt, daß eine Versicherung von bestimmter Dauer innerhalb eines gleichfalls bestimmten Zeitraums bestanden hat. Das gilt auch für die Zeit einer Erwerbslosigkeit bis zu sechs Wochen, welche sich unmittelbar an die Dienstleistung anschließt.

(2) Die Frist zur Stellung des Antrags auf Weiterversicherung (§ 313 Abs 2 der Reichsversicherungsordnung) beginnt am Tage des Ausscheidens aus dem Reichsarbeitsdienst und läuft drei Wochen nach diesem Zeitpunkt ab. Für Arbeitsdienstpflichtige, die zwischen dem 1 Oktober 1935 und dem Tage der Veröffentlichung dieser Verordnung aus dem Reichsarbeitsdienst ausgeschieden sind, endet die Anzeigefrist mit Ablauf von drei Wochen nach Veröffentlichung dieser Verordnung [1])

[1]) D. h. am 15 April 1936

Artikel 3.

War ein Arbeitsdienstwilliger bis zum Eintritt in den freiwilligen Arbeitsdienst auf Grund des § 313 der Reichsversicherungsordnung freiwilliges Mitglied einer Krankenkasse oder zur Fortsetzung der Mitgliedschaft bei einer Krankenkasse berechtigt, so kann er nach dem Ausscheiden aus dem Arbeitsdienst (freiwilliger Arbeitsdienst oder Reichsarbeitsdienst) seine Mitgliedschaft bei dieser Kasse fortsetzen, wenn er es innerhalb einer Woche der Kasse anzeigt. Für Mitglieder der Reichsknappschaft gilt dies entsprechend. Für Arbeitsdienstwillige, die zwischen dem 1 April 1935 und dem Tage der Veröffentlichung dieser Verordnung aus dem freiwilligen Arbeitsdienst oder Reichsarbeitsdienst ausgeschieden sind, endet die Anzeigefrist mit Ablauf von drei Wochen nach Veröffentlichung dieser Verordnung [1])

[1]) D. h. am 15 April 1936.

Arbeitslosenversicherung.

Artikel 4.

(1) Eine auf Grund des Gesetzes über Arbeitsvermittlung und Arbeitslosenversicherung verhängte Sperrfrist läuft auch während des Arbeitsdienstes, wenn der Dienst mindestens zwei zusammenhängende Wochen dauert; dabei gelten je drei Tage der Zugehörigkeit zum Arbeitsdienst einen Sperrfristtag ab.

(2) Die Zeit der Zugehörigkeit zum Reichsarbeitsdienst wird in die Rahmenfrist, die für die Anwartschaft auf versicherungsmäßige Arbeitslosenunterstützung im § 95 des Gesetzes über Arbeitsvermittlung und Arbeitslosenversicherung vorgeschrieben ist, nicht eingerechnet.

(3) Abweichend von § 110 und § 110 b des Gesetzes über Arbeitsvermittlung und Arbeitslosenversicherung haben Arbeitslose, die aus dem Reichsarbeitsdienst entlassen sind, eine Wartezeit bis zur Arbeitslosenunterstützung nur zurückzulegen, wenn sie zwischen ihrer Entlassung und der Arbeitslosmeldung mehr als 13 zusammenhängende Wochen als Arbeiter oder Angestellte beschäftigt waren oder eine neue Anwartschaft auf Arbeitslosenunterstützung erworben haben.

Bescheinigungen.

Artikel 5.

Der Nachweis über die erfüllte Arbeitsdienstpflicht wird durch Bescheinigungen des Reichsarbeitsdienstes erbracht

Schlußbestimmungen.

Artikel 6.

Der Reichsminister des Innern erläßt im Einvernehmen mit dem Reichsarbeitsminister die zur Durchführung und Ergänzung dieser Verordnung erforderlichen Rechts- und Verwaltungsvorschriften.

Artikel 7.

Artikel 4 tritt mit Wirkung vom 1. Oktober 1935 in Kraft. Im übrigen tritt die Verordnung mit ihrer Verkündung in Kraft.

IV. Gesetz über die Unterstützung der Angehörigen der einberufenen Wehrpflichtigen und Arbeitsdienstpflichtigen (Familienunterstützungsgesetz).

Vom 30. März 1936 (RGBl. I S. 327).

Die Reichsregierung hat das folgende Gesetz beschlossen, das hiermit verkündet wird:

§ 1.

(1) Die Angehörigen der zur Erfüllung der aktiven Dienstpflicht, zu kurzfristiger Ausbildung oder Übungen der Wehrmacht einberufenen Wehrpflichtigen und der einberufenen Arbeitsdienstpflichtigen, erhalten zur Sicherung des notwendigen Lebensbedarfs Unterstützung (Familienunterstützung). Sie wird auch den Angehörigen der auf Grund freiwilliger Meldung zur Erfüllung der aktiven Dienstpflicht zu kurzfristiger Ausbildung oder Übungen der Wehrmacht sowie zur Erfüllung der Arbeitsdienstpflicht Einberufenen gewährt.

(2) Die Familienunterstützung ist keine Leistung der öffentlichen Fürsorge. Sie ist nicht zurückzuerstatten. Sie unterliegt nicht der Pfändung.

§ 2.

Unterstützungsberechtigte sind, soweit der notwendige Lebensbedarf nicht oder nicht ausreichend gesichert ist, nachstehende Angehörige des Einberufenen:

I. Die Ehefrau, die ehelichen oder für ehelich erklärten und die vor Aushändigung des Gestellungsbefehls an Kindes Statt angenommenen Kinder des Einberufenen, ferner die mit der Ehefrau zusammenlebenden Stiefkinder des Einberufenen.

II. Wenn der Einberufene bis zur Aushändigung des Gestellungsbefehls ganz oder zu einem wesentlichen Teil der Ernährer gewesen ist:

1. die schuldlos geschiedene Ehefrau, der der Einberufene nach § 1578 des Bürgerlichen Gesetzbuchs[1]) Unterhalt zu gewähren verpflichtet ist,
2. Enkel, Pflegekinder und die nicht mit der Ehefrau des Einberufenen zusammenlebenden Stiefkinder,
3. uneheliche Kinder, wenn der Einberufene seine Vaterschaft nach § 1718 des Bürgerlichen Gesetzbuchs[1]) anerkannt hat oder wenn seine Unterhaltspflicht in einem vollstreckbaren Titel festgestellt ist,
4. Verwandte der aufsteigenden Linie,
5. Adoptiveltern, wenn sie den Einberufenen vor der Aushändigung des Gestellungsbefehls an Kindes Statt angenommen haben, Stiefeltern und Pflegeeltern.

[1]) Vgl. XVI, 1.

§ 3.

Die Aufgaben dieses Gesetzes werden den Stadt- und Landkreisen als staatliche Aufgaben übertragen.

§ 4.

Vier Fünftel der Kosten der Familienunterstützung werden den Stadt- und Landkreisen vom Reiche erstattet. Persönliche und sächliche Verwaltungskosten sind nicht erstattungsfähig.

§ 5.

(1) Angehörige eines Einberufenen, die bis zum 1. April 1936 nach der Familienunterstützungsverordnung vom 19. Dezember 1935 (RGBl. I S. 1511) unterstützt worden sind, bleiben nach dieser Verordnung unterstützungsberechtigt.[1])

(2) Einberufene, die bis zum 1. April 1936 nach § 4 der Verordnung über die Einberufung zu Übungen der Wehrmacht vom 25. November 1935[2]) (RGBl. I S. 1358) Unterstützung erhalten haben, sind nach dieser Verordnung von den Arbeitsämtern weiter zu unterstützen.

[1]) Vgl. X, 3, 4.
[2]) Vgl. XVI, 9.

§ 6.

(1) In § 1266 Ziff. 3 der Reichsversicherungsordnung und § 34 Ziff. 2 des Angestelltenversicherungsgesetzes in der Fassung des Gesetzes vom 17. Mai 1934 (RGBl. I S. 419) werden hinter dem Wort „Fürsorge" die Worte „oder der Familienunterstützung" eingefügt.

(2) In § 1541 der Reichsversicherungsordnung werden zwischen den Worten „für" und „Betriebsunternehmer" die Worte „das Reich als Träger der Familienunterstützung und für" eingefügt.

(3) Dem § 111a des Gesetzes über Arbeitsvermittlung und Arbeitslosenversicherung in der Fassung des Gesetzes vom 12. Oktober 1929 (RGBl. I S. 153) wird folgender Absatz 2 angefügt:

„(2) Abs. 1 gilt entsprechend, wenn das Reich als Träger der Familienunterstützung eines Arbeitslosen in einer Zeit unterstützt hat, für die ihm versicherungsmäßige, nicht von der Hilfsbedürftigkeit abhängige Arbeitslosenunterstützung bewilligt wird."

(4) Die Absätze 1 bis 3 gelten auch für eine nach der Familienunterstützungsverordnung vom 19. Dezember 1935 (RGBl. I S. 1511) gewährte Unterstützung.

§ 7.

Der Reichsminister des Innern erläßt die zur Durchführung und Ergänzung des Gesetzes erforderlichen Rechts- und Verwaltungsvorschriften.

§ 8.

Dieses Gesetz tritt am 1 April 1936 in Kraft.

V. Vorschriften zur Durchführung und Ergänzung des Familienunterstützungsgesetzes (Unterstützungsvorschriften).

Vom 30. März 1936 (RGBl. I S. 329).

Auf Grund des § 7 des Familienunterstützungsgesetzes vom 30. März 1936 (RGBl. I S. 327) wird folgendes verordnet:

I. Zuständigkeit und Verfahren.

§ 1.

(1) Stadt- und Landkreise im Sinne des § 3 des Gesetzes sind die für die Aufgaben des § 1 Abs. 1 unter a bis c der Fürsorgepflichtverordnung zuständigen Bezirksfürsorgeverbände.

(2) Familienunterstützung und öffentliche Fürsorge sind als getrennte Aufgaben zu verwalten.

§ 2.

Zur Unterstützung verpflichtet ist der Stadt- oder Landkreis, in dessen Gebiet der Unterstützungsberechtigte wohnt oder sich nicht nur vorübergehend aufhält.

§ 3.

(1) Die Gewährung der Unterstützung ist von der Stellung eines Antrags abhängig.

(2) Der Antrag kann von den Einberufenen oder von dem Unterstützungsberechtigten vom Tage der Aushändigung des Gestellungsbefehls an bei dem Stadt- oder Landkreis oder bei dem Bürgermeister der Aufenthaltsgemeinde mündlich oder schriftlich gestellt werden.

(3) Dem Antrage sind beizufügen:

a) bei Stellung des Antrags vor dem Gestellungstag der Gestellungsbefehl — der dem Einberufenen sofort wieder auszuhändigen ist —, andernfalls eine Bescheinigung des Truppen- (Marine-)teils oder der Arbeitsdienstabteilung über die erfolgte Einstellung,

b) Unterlagen für den Nachweis der Unterstützungsberechtigung (§ 2 des Gesetzes),
c) ein Nachweis über die Höhe des Mietzinses,
d) eine Bescheinung des Arbeitgebers des Einberufenen, ob und in welcher Höhe Arbeitsentgelt oder freiwillige Zuwendungen (einschließlich etwaiger Sachbezüge) für die Zeit der Einberufung gewährt werden,
e) soweit der Unterstützungsberechtigte arbeitsfähig ist, ein Nachweis, daß er dem zuständigen Arbeitsamt als Arbeitsuchender gemeldet ist.

(4) Über den Antrag entscheidet der Leiter des Stadt- oder Landkreises. Er hat dem Truppen- (Marine-) Teil oder der Arbeitsdienstabteilung des Einberufenen die Bewilligung der Familienunterstützung mitzuteilen.

(5) Das Einspruchs- und Beschwerdeverfahren regelt sich nach § 3 Abs. 2 Satz 1 und § 3a Abs. 2 Satz 1 und Abs. 4 der Fürsorgepflichtverordnung in der Fassung der Zweiten Verordnung des Reichspräsidenten zur Sicherung von Wirtschaft und Finanzen vom 5. Juni 1931 (RGBl. I S. 279, 305).[1]

Über den Einspruch entscheidet der Leiter des Stadt oder Landkreises, der beauftragten Gemeinde oder des beauftragten engeren Gemeindeverbandes (§ 7).

[1]) Vgl. XVI, 7.

§ 4.

(1) Die Auszahlung der Familienunterstützung ist von der Vorlage einer Bescheinigung des Truppen- (Marine-) Teils oder der Arbeitsdienstabteilung über die erfolgte Einstellung des Einberufenen abhängig. Sie ist mindestens für einen halben Monat im voraus zu zahlen.

(2) Die Unterstützung ist neu festzusetzen, wenn in den Verhältnissen, die für die Festsetzung maßgebend gewesen sind, eine Änderung eintritt.

(3) Der Unterstützungsempfänger, sein gesetzlicher Vertreter oder der Haushaltsvorstand ist verpflichtet, dem Stadt- oder Landkreis oder dem Bürgermeister der Aufenthaltsgemeinde (§ 3 Abs. 2) jede Änderung der Verhältnisse, die den Wegfall oder die Minderung der Unterstützung bedingt, unverzüglich anzuzeigen.

(4) Die Unterstützung ist einzustellen, wenn und soweit der notwendige Lebensbedarf (§ 8) des Unterstützungsberechtigten auf andere Weise gesichert ist.

(5) Die Unterstützung ist ferner einzustellen, wenn der Einberufene

a) aus dem aktiven Wehrdienst nach Erfüllung der aktiven Dienstpflicht oder aus dem Reichsarbeitsdienst nach Erfüllung der Arbeitsdienstpflicht zeitgerecht entlassen wird (§ 22 Abs. 1 unter a des Wehrgesetzes vom 21. Mai 1935 — RGBl. I

S. 609 —, § 13 des Reichsarbeitsdienstgesetzes vom 26. Juni 1935 — RGBl I S. 769),

b) aus dem aktiven Wehrdienst nach Beendigung der kurzfristigen Ausbildung oder einer Übung zeitgerecht entlassen wird,

c) aus dem aktiven Wehrdienst von Rechts wegen ausscheidet oder aus besonderen Gründen entlassen (§§ 23, 24 des Wehrgesetzes) oder aus dem Reichsarbeitsdienst vorzeitig entlassen wird (§ 16 des Reichsarbeitsdienstgesetzes),

d) auf Grund einer freiwillig eingegangenen weiteren Dienstverpflichtung nach Erfüllung der aktiven Dienstpflicht (§ 8 Abs. 1 des Reichsarbeitsdienstgesetzes) im Reichsarbeitsdienst bleibt,

e) durch gerichtlichen Beschluß für fahnenflüchtig oder im Verordnungsblatt der Reichsleitung des Arbeitsdienstes für dienstflüchtig erklärt worden ist.

(6) Die Unterstützung ist bis zum Ablauf des Entlassungstages fortzugewähren, wenn der Einberufene in der Wehrmacht zurückbehalten wird (§ 22 Abs 2 des Wehrgesetzes) oder wenn er nachdienen muß (§ 8 Abs. 4 des Wehrgesetzes, § 3 Abs 4 des Reichsarbeitsdienstgesetzes).

§ 5.

Stirbt der Einberufene während der Erfüllung der aktiven Dienstpflicht, der Einberufung zu kurzfristiger Ausbildung oder einer Übung der Wehrmacht, der Erfüllung der Arbeitsdienstpflicht oder während einer Zeit nach § 4 Abs 6 oder wird er wegen Dienstunfähigkeit aus dem aktiven Wehrdienst oder aus dem Reichsarbeitsdienst entlassen und wird von dem Truppen- (Marine-) Teil oder der Arbeitsdienstabteilung des Einberufenen angenommen, daß der Tod oder die Dienstunfähigkeit Folge einer Dienstbeschädigung ist, so kann unterstützungsberechtigten Angehörigen, für die Ansprüche auf Hinterbliebenenversorgung oder auf Zuschläge zu der Versorgung des Einberufenen angemeldet sind, bis zum Beginn der Versorgung Familienunterstützung fortgewährt werden. Im Falle der Entlassung wegen Dienstunfähigkeit (Satz 1) kann der Einberufene in die Familienunterstützung seiner Angehörigen einbezogen werden. Die Unterstützung ist auf die Nachzahlung von Versorgungsgebührnissen anzurechnen.

§ 6.

Die Truppen- (Marine-) Teile und Dienststellen des Reichsarbeitsdienstes sind verpflichtet, dem zuständigen Stadt- oder Landkreis (§ 2) die im § 4 Abs. 5 unter b bis e, Abs. 6 und § 5 genannten, für die Einstellung oder Fortgewährung der Familienunterstützung erheblichen Tatsachen unverzüglich mitzuteilen, damit Überzahlungen vermieden werden.

§ 7.

Die Landkreise können die Durchführung der Familienunterstützung den ihnen zugehörigen Gemeinden und engeren Gemeindeverbänden von mehr als 10000 Einwohnern übertragen. Die Weisungen des Landkreises sind für die Gemeinden und engeren Gemeindeverbände bindend. Seine Verantwortung für die Erfüllung der Aufgaben wird durch die Übertragung der Durchführung nicht berührt.

II. Voraussetzung, Art und Maß der Unterstützung.

§ 8.

Unterstützung ist zu gewähren, wenn der Unterstützungsberechtigte den nach den folgenden Vorschriften zu bemessenden notwendigen Lebensbedarf nicht oder nicht ausreichend aus eignen Kräften und Mitteln beschaffen kann und ihn auch nicht von anderer Seite, insbesondere von Angehörigen, erhält.

§ 9.

(1) Zum notwendigen Lebensbedarf gehören:

a) der Lebensunterhalt, insbesondere Unterkunft, Nahrung, Kleidung und Pflege,

b) Krankenhilfe und Hilfe für Schwangere und Wöchnerinnen,

c) bei Minderjährigen Erziehung und Erwerbsbefähigung, die nach ihren Anlagen und Fähigkeiten und der Lebensstellung der Eltern berechtigt ist,

d) bei Blinden, Taubstummen und Krüppeln Erwerbsbefähigung.

(2) Nötigenfalls ist der Bestattungsaufwand zu bestreiten.

§ 10.

(1) Für die Bemessung des notwendigen Lebensunterhalts (§ 9 Abs. 1 unter a) setzt der Leiter des Stadt- oder Landkreises den örtlichen Verhältnissen angepaßte Richtsätze fest. Die Richtsätze sind Maßstäbe zur Ermittlung des Regelbedarfs für durchschnittliche Lebensverhältnisse der Unterstützungsberechtigten.

(2) Die Richtsätze für die Ehefrau und die über 21 Jahre alten unterstützungsberechtigten Angehörigen des Einberufenen sind so zu bemessen, daß sie die Richtsätze der allgemeinen Fürsorge (§ 6 Abs. 2 Satz 1 der Fürsorgepflichtverordnung in der Fassung der Verordnung vom 19. Oktober 1932 — RGBl. I S. 500) um ein Viertel übersteigen. Höhere Richtsätze dürfen nicht festgesetzt werden.

(3) Ferner sind den örtlichen Verhältnissen angepaßte Einkommenssätze festzusetzen, bei deren Nichterreichung eine Wöchnerin Wochenfürsorge (§ 16) stets dann erhält, wenn nicht Tatsachen die Annahme rechtfertigen, daß die Hilfe nicht benötigt wird.

(4) Die obere oder oberste Aufsichtsbehörde (§ 33 Abs. 2 und 3 der ersten Verordnung zur Durchführung der Deutschen Gemeindeordnung vom 22. März 1935 — RGBl. I S. 393) kann anordnen, daß innerhalb eines einheitlichen Wirtschaftsgebiets die Richtsätze für die Bemessung des notwendigen Lebensunterhalts und die Einkommenssätze für die Wochenfürsorge von Gemeinden mit gleichen Teuerungsverhältnissen einander anzugleichen sind. Sie soll von

dieser Befugnis nur Gebrauch machen, wenn ein Versuch der Stadt- oder Landkreise, durch eine Vereinbarung untereinander eine Angleichung ihrer Richtsätze sicherzustellen, fehlgeschlagen ist.

§ 11.

(1) Neben der richtsatzmäßigen Unterstützung sind Mietbeihilfen zu gewähren, soweit der im Richtsatz enthaltene Anteil für Unterkunft zur Deckung des berechtigten Wohnbedarfs nicht ausreicht.

(2) Ob und wieweit der Wohnbedarf als berechtigt anerkannt werden kann, ist nach der Lebensstellung des Unterstützungsberechtigten und nach Personalzahl, Lebensalter, Geschlecht und Gesundheitszustand der in die Wohnung aufgenommenen Angehörigen (§ 12 Abs 2) zu entscheiden.

(3) Für Eigenheime können neben der richtsatzmäßigen Unterstützung unter entsprechender Anwendung des Abs. 2 Beihilfen zu den notwendigen Ausgaben für Lasten und Steuern, die auf dem Eigenheim ruhen, gewährt werden, soweit der im Richtsatz enthaltene Anteil für Unterkunft zur Deckung dieser Lasten und Steuern nicht ausreicht.

§ 12.

(1) Ist ein Unterstützungsberechtigter Mitglied einer Familiengemeinschaft (Haushaltsgemeinschaft), so sollen die übrigen Mitglieder ihre Mittel und Kräfte im Rahmen des ihnen Zumutbaren zur Deckung seines notwendigen Lebensbedarfs zur Verfügung stellen, auch soweit sie nach den Vorschriften des bürgerlichen Rechts nicht verpflichtet sind, ihm Unterhalt zu gewähren. Der so gewährte Unterhalt ist bei Bemessung der Unterstützung zu berücksichtigen.

(2) Zur Familiengemeinschaft (Haushaltsgemeinschaft) im Sinne des Abs. 1 gehören Ehegatten, Verwandte, Verschwägerte und Personen, die dem Unterstützungsberechtigten gegenüber eine sittliche Pflicht zur Unterhaltsgewährung haben.

§ 13.

(1) Jeder Unterstützungsberechtigter muß seine Arbeitskraft zur Beschaffung des notwendigen Lebensbedarfs für sich einsetzen.

(2) Ob dem Unterstützungsberechtigten eine Arbeit billigerweise zugemutet werden kann, soll nach Lebensalter, Gesundheitszustand, häuslichen Verhältnissen und, soweit angängig, auch nach der beruflichen Ausbildung beurteilt werden.

(3) Frauen darf Erwerbsarbeit nicht zugemutet werden, wenn dadurch die geordnete Erziehung ihrer Kinder gefährdet würde; auch sonst sind bei Frauen die Pflichten besonders zu berücksichtigen, die ihnen die Führung eines Haushalts oder die Pflege von Angehörigen auferlegt.

§ 14.

(1) Zu den eigenen Mitteln, die der Unterstützungsberechtigte einsetzen muß, ehe ihm Familienunterstützung gewährt wird, ist

sein gesamtes Einkommen zu rechnen, besonders Bezüge in Geld- oder Geldeswert aus gegenwärtigem oder früherem Arbeits- oder Dienstverhältnis und aus Unterhalts- oder Rentenansprüchen öffentlicher oder privater Art.

(2) Die Familienunterstützung darf vom Gebrauch oder der Verwertung des Vermögens nicht abhängig gemacht werden.

§ 15.

(1) Bei Bestimmung der Art und des Umfangs der Unterstützung bleiben außer Ansatz:

1. Einkommen aus Arbeitsverdienst, soweit es die Hälfte des Richtsatzes nach § 10 nicht übersteigt; von dem Mehrverdienst darf nicht mehr als 50 vom Hundert angerechnet werden;
2. freiwillige, für die Zeit der Einberufung gewährte Zuwendungen des Arbeitgebers des Einberufenen;
3. die Frontzulage (Artikel 1 des Gesetzes über Änderung auf dem Gebiet der Reichsversorgung vom 3. Juli 1934 — RGBl. I S. 541 — in der Fassung des Gesetzes vom 15. Dezember 1935 — RGBl. I S. 1448);
4. die Beschädigtenrente nach dem Reichsversorgungsgesetz, soweit sie den Betrag von 25 Reichsmark monatlich nicht übersteigt, sowie die Kinder- und Ortszulage der Beschädigten;
5. die Pflegezulage nach § 31 des Reichsversorgungsgesetzes;
6. die Führerhundzulage (§ 7 Abs. 4 des Reichsversorgungsgesetzes);
7. die Verstümmelungszulage nach §§ 11 und 32 des Offizierspensionsgesetzes vom 31. Mai 1906 (RGBl. I S. 565) und Artikel IV des Gesetzes vom 1. Dezember 1927 (RGBl. I S. 487);
8. Beihilfen an Kriegsteilnehmer nach den Gesetzen vom 22. Mai 1895 (RGBl. S. 237) und vom 19. Mai 1913 (RGBl. S. 297);
9. Unterstützungen der Veteranen und ihrer Hinterbliebenen aus den im Haushalt des Reichsministers der Finanzen zu Bewilligungen aller Art vorgesehenen Reichsmitteln (Dispositionsfonds);
10. Ehrensolde und Ehrenzulagen der Inhaber von Orden und Ehrenzeichen;
11. Ehrensolde und Ehrenunterstützung der Nationalsozialistischen Deutschen Arbeiterpartei;
12. die Leistungen der Wochenhilfe und der Familienwochenhilfe (§§ 195 a, 205 a der Reichsversicherungsordnung);
13. das Pflegegeld der Unfallversicherung (§ 558 c der Reichsversicherungsordnung);
14. das Aufwertungseinkommen und die Vorzugsrente nach Maßgabe des § 84 des Aufwertungsgesetzes vom 16. Juli 1925 (RGBl. I S. 117) und des § 26 des Gesetzes über die Ab-

lösung öffentlicher Anleihen vom 16. Juli 1925 (RGBl. I S. 137);

15. der infolge Verzichts auf das Auslosungsrecht gewährte Mehrbetrag der Vorzugsrente (§ 20 Abs. 2 des Gesetzes über die Ablösung öffentlicher Anleihen);
16. aus öffentlichen Kassen gezahlte Aufwandsentschädigungen;
17. Zuwendungen, die die freie Wohlfahrtspflege oder ein rechtlich oder sittlich nicht verpflichteter Dritter zur Ergänzung der Familienunterstützung gewährt.

(2) Die Ziffer 4, 5, 6 des Absatzes 1 gelten entsprechend, soweit in anderen Versorgungsgesetzen gleichartige Bezüge vorgesehen sind.

§ 16.

Schwangeren und Wöchnerinnen (§ 9 Abs. 1 unter b) sind erforderlichenfalls Hebammenhilfe, ärztliche Behandlung, Entbindungskostenbeitrag und Wochengeld, Wöchnerinnen, die ihr Kind stillen, außerdem Stillgeld zu gewähren. Die Hilfe soll ihnen das sicherstellen, was die Reichsversicherungsordnung den Familienangehörigen eines Versicherten gewährt (Familienwochenhilfe).

§ 17.

(1) Bei Bemessung der Familienunterstützung soll im Rahmen des gegenüber der allgemeinen Fürsorge erhöhten Richtsatzes (§ 10), der besonderen Mietbeihilfen (§ 11) und der Vorschriften über das außer Ansatz zu lassende Einkommen (§ 15) auf die bisherigen Lebensverhältnisse des Unterstützungsberechtigten Rücksicht genommen und die Fortsetzung der Erziehung und Erwerbsbefähigung Minderjähriger im Rahmen des § 9 Abs. 1 unter c gesichert werden. Unter Berücksichtigung dieses Zweckes ist Art und Umfang der Unterstützung nach den Besonderheiten des Einzelfalles entgegenkommend zu bemessen.

(2) Die Familienunterstützung darf nicht dazu führen, daß dem Unterstützungsberechtigten für seinen Lebensbedarf gegenüber der Zeit vor der Aushändigung des Gestellungsbefehls mehr an Mitteln zur Verfügung steht. Dies gilt auch dann, wenn das anzurechnende Einkommen, insbesondere infolge der Anwendung des § 15, unter dem nach § 10 Abs. 2 und § 11 ermittelten Bedarf bleibt.

§ 18.

(1) Siedelt ein Unterstützungsberechtigter nach Aushändigung des Gestellungsbefehls an den Einberufenen in eine Gemeinde über, deren Richtsatz höher ist als derjenige des bisherigen Wohnorts, so ist der notwendige Lebensunterhalt (§ 9 Abs. 1 unter a) nach dem Richtsatz des bisherigen Wohnorts zu bemessen. Dies gilt nicht, wenn ein berechtigter Grund für die Übersiedlung vorliegt.

(2) Ein berechtigter Grund ist insbesondere anzunehmen, wenn durch die Übersiedlung eine Haushaltsgemeinschaft mit Angehörigen (§ 12 Abs. 2) hergestellt wird.

(3) Dem Wohnort (Abs. 1) steht der Ort des nicht nur vorübergehenden Aufenthalts gleich.

§ 19.

(1) Die Verpflichtungen Dritter, einen Unterstützungsberechtigten zu unterstützen, bleiben unberührt.

(2) §§ 21a, 21b, 22, 23 der Fürsorgepflichtverordnung in der Fassung der Zweiten Verordnung des Reichspräsidenten zur Sicherung von Wirtschaft und Finanzen vom 5. Juni 1931 (RGBl. I S. 279, 305)[1]) und des Gesetzes über die Kosten des Anstaltsaufenthalts von Geisteskranken vom 29 April 1935 (RGBl. I S. 565) finden entsprechende Anwendung. Von dem Einberufenen darf der Verbrauch oder die Verwertung seines Vermögens zur Erfüllung seiner Unterhaltspflicht gegenüber einem Unterstützungsberechtigten nicht gefordert werden.

[1]) Vgl. XVI, 7.

III. Kosten.

§ 20.

Das Nähere über die vom Reiche zu leistenden Erstattungen (Verfahren, Zahlungsweise und Zeitpunkt) wird vom Reichsminister der Finanzen im Einvernehmen mit dem Reichsminister des Innern bestimmt.

IV. Schlußvorschriften.

§ 21.

Voraussetzung, Art und Maß der Unterstützung der nach § 5 Abs. 1 des Gesetzes Unterstützungsberechtigten richten sich nach diesen Vorschriften.

§ 22.

(1) Die Familienunterstützung bewirkt keine Unterbrechung der fürsorgerechtlichen Hilfsbedürftigkeit (§ 15 der Fürsorgepflichtverordnung).

(2) Hat bei Beginn der Familienunterstützung keine fürsorgerechtliche Hilfsbedürftigkeit bestanden, muß aber bei Einstellung der Familienunterstützung die öffentliche Fürsorge eintreten, so ist der Fürsorgeverband zur Fürsorge endgültig verpflichtet, der es bei Beginn der Familienunterstützung gewesen wäre. Dies gilt auch für die Fälle, in denen bei Einstellung einer nach der Familienunterstützungsverordnung vom 19 Dezember 1935 (RGBl. I S. 1511) gewährten Unterstützung die öffentliche Fürsorge eingetreten ist.

§ 23.

(1) Die §§ 27 und 28 der Fürsorgepflichtverordnung[1]) sind entsprechend anzuwenden.

(2) Soweit nach diesen Vorschriften Bestimmungen der Fürsorgepflichtverordnung entsprechend anzuwenden sind, finden die landesrechtlichen Ausführungsbestimmungen zu diesen gleichfalls entsprechende Anwendung, soweit ein Land nichts anderes bestimmt.

[1]) Vgl. XVI, 7.

VI. Gesetz über die vorläufige Reichsarbeitsdienstversorgung.

Vom 23. April 1936 (RGBl. I S. 385).

Zur vorläufigen Regelung der Versorgung von Angehörigen des Reichsarbeitsdienstes und des Freiwilligen Arbeitsdienstes für die männliche Jugend sowie ihrer Hinterbliebenen hat die Reichsregierung das folgende Gesetz beschlossen, das hiermit verkündet wird:

§ 1.

(1) Ehemalige Angehörige[1]) des Reichsarbeitsdienstes der männlichen Jugend und ihre Hinterbliebenen erhalten wegen der Folgen einer Dienstbeschädigung auf Antrag vorläufige Versorgung.[2])

(2) Die vorläufigen Versorgungsgebührnisse dürfen die nach dem Reichsversorgungsgesetz ohne Berücksichtigung der Ausgleichszulage (§ 28) zu gewährenden Versorgungsgebührnisse nicht übersteigen.

(3) Die einem Dienstbeschädigten bei Pflegebedürftigkeit im Sinne von § 31 des Reichsversorgungsgesetzes zu gewährende Zulage (Pflegezulage) darf höchstens 1200 Reichsmark betragen.

(4) Stirbt ein ehemaliger Angehöriger[1]) des Reichsarbeitsdienstes erst nach Ablauf von sechs Jahren nach der Entlassung aus dem Reichsarbeitsdienst, so darf Hinterbliebenenrente nur gewährt werden, wenn der ehemalige Angehörige des Reichsarbeitsdienstes an einem Leiden stirbt, das als Folge einer Dienstbeschädigung anerkannt war und für das er bis zum Tode Rente bezogen hat.

[1]) Begriff vgl. VO. vom 24. April 1936, Art. 1 (VII).

[2]) Umfang vgl. ebenda Art. 2.

§ 2.

Ehemaligen Angehörigen des Freiwilligen Arbeitsdienstes der männlichen Jugend und ihren Hinterbliebenen kann wegen der Folgen einer Dienstbeschädigung Versorgung nach § 1 gewährt werden, wenn die Dienstbeschädigung nach dem 30. Juni 1934 eingetreten ist.[1])

[1]) Vgl. VO. vom 24. April 1936, Art. 5 (VII).

§ 3.

(1) Ehemalige Angehörige des Stammpersonals des Reichsarbeitsdienstes und ihre Hinterbliebenen können auf Antrag[1]) Vorschüsse auf die nach dem Reichsarbeitsdienstversorgungsgesetz zu erwartende Versorgung erhalten, wenn die Voraussetzungen, unter denen frühere Angehörige der deutschen Wehrmacht und ihre Hinterbliebenen einen Anspruch auf laufende Dienstzeitversorgungsgebührnisse oder auf Versorgungsgebührnisse nach § 2 Abs. 2, § 77 Abs. 1 Halbsatz 2 des Wehrmachtsversorgungsgesetzes haben, entsprechend erfüllt sind.

(2) Der Vorschuß auf Ruhegehalt wird nur dann nach dem zuletzt bezogenen Diensteinkommen berechnet, wenn die Dienststelle, aus der das Diensteinkommen bezogen worden ist, mindestens ein

Jahr lang bekleidet war, es sei denn, daß die Entlassung wegen der Folgen einer Dienstbeschädigung stattfindet. An die Stelle des zuletzt bezogenen Diensteinkommens tritt das Diensteinkommen aus einer vorher im Dienste des Reiches oder eines seiner Länder bekleideten Planstelle; der in diesem Falle zugrunde gelegte Betrag darf jedoch nicht höher sein als das zuletzt bezogene Diensteinkommen. Ist eine Planstelle im Dienste des Reiches oder eines seiner Länder vorher nicht bekleidet worden, so bestimmt der Reichsminister des Innern im Einvernehmen mit dem Reichsminister der Finanzen die Höhe des Vorschusses.

(3) Als ruhegehaltfähig im Sinne von § 56 des Wehrmachtversorgungsgesetzes gilt auch die Zeit, in der ein Angehöriger des Stammpersonals im Freiwilligen Nationalsozialistischen Arbeitsdienst hauptberuflich tätig gewesen ist.

(4) Für die Gewährung von Vorschüssen auf Übergangsgebührnisse (§§ 7, 32 des Wehrmachtversorgungsgesetzes) wird als Dienstzeit auch die im Freiwilligen Nationalsozialistischen Arbeitsdienst zugebrachte Diensteizt gerechnet.

(5) Den Unterführern des Reichsarbeitsdienstes (Besoldungsgruppe A D 9 bis 11 c) dürfen auf ihren Antrag Vorschüsse auf Ruhegehalt gewährt werden, wenn sie nach mindestens achtzehnjähriger Dienstzeit wegen Dienstunfähigkeit (§ 12 Abs. 1 b des Reichsarbeitsdienstgesetzes) entlassen werden.

[1]) Vgl. hierzu VO. vom 24. April 1936, Art. 11 (VII).

§ 4.

Die Vorschriften des Gesetzes über die Beschäftigung Schwerbeschädigter[1]) und des Artikels 5 § 2 des Gesetzes über Änderungen auf dem Gebiete der Reichsversorgung vom 3. Juli 1934[2]) (RGBl. I S. 541) finden auf die nach diesem Gesetz Versorgungsberechtigten Anwendung.

[1]) Vom 22. Oktober 1920 (RGBl. S. 1787), in der Fassung vom 12. Januar 1923 (RGBl. S. 57) und späterer Änderungen.

[2]) Vgl. XVI, 6 b.

§ 5.

(1) Im § 1274 Abs. 1 Nr. 2 der Reichsversicherungsordnung wird hinter dem Worte „Wehrmachtversorgungsgesetze" eingefügt: „dem Gesetz über die vorläufige Reichsarbeitsdienstversorgung".

(2) § 112 a des Gesetzes über Arbeitsvermittlung und Arbeitslosenversicherung findet auf die nach diesem Gesetz gewährten Versorgungsgebührnisse und Vorschüsse Anwendung.

§ 6.

Ergeben sich in einzelnen Fällen aus den Vorschriften dieses Gesetzes besondere Härten, so kann der Reichsminister des Innern im Einvernehmen mit dem Reichsminister der Finanzen einen Ausgleich[1]) gewähren.

[1]) Vgl. VO. vom 24. April 1936, Art. 16 (VII).

§ 7.

Das vorläufige Verfahren in Arbeitsdienstversorgungssachen regelt der Reichsminister des Innern; er erläßt im Einvernehmen mit dem Reichsminister der Finanzen und dem Reichsarbeitsminister die zur Durchführung und Ergänzung dieses Gesetzes erforderlichen Rechts- und Verwaltungsvorschriften.

§ 8.

Dieses Gesetz tritt mit Wirkung vom 1. April 1936 in Kraft.

VII. Erste Verordnung zur Durchführung und Ergänzung des Gesetzes über die vorläufige Reichsarbeitsdienstversorgung.

Vom 24. April 1936 (RGBl. I S. 386).

Auf Grund des § 7 des Gesetzes über die vorläufige Reichsarbeitsdienstversorgung vom 23. April 1936 (RGBl. I S. 385) wird verordnet:

I. Versorgung auf Grund erlittener Dienstbeschädigung.

Artikel 1.

Als Angehörige des Reichsarbeitsdienstes im Sinne des § 1 des Gesetzes über die vorläufige Reichsarbeitsdienstversorgung gelten auch die zum Reichsarbeitsdienst einberufenen Personen, die sich auf dem Wege zum Bestimmungsort oder unmittelbar nach der Entlassung auf dem Wege zum Entlassungsort befinden.

Artikel 2.

(1) Die vorläufige Versorgung umfaßt:

Heilbehandlung, Beschädigtenrente, Pflegezulage, Gebührnisse für das Sterbevierteljahr, Witwen- und Waisenrente sowie Zusatzrente.

(2) Die Vorschriften der §§ 2, 4 bis 11, 15 bis 20, 24, 25, 27, 30, 30a, 31, 35, des § 36 Abs. 1, 2 und 3 Satz 1, der §§ 37, 38, des § 31 Abs. 1 und Abs. 2 Nr. 1 und 5, Abs. 3 bis 5, der §§ 50, 51 Abs. 1 bis 4 und 6, der §§ 55 bis 58, 61, des § 62 Abs. 1 bis 6 und der §§ 63, 64, 66 bis 71a, 86, 87, 98 des Reichsversorgungsgesetzes [1]) und der Artikel 2, 3 § 1, Artikel 4 §§ 1, 2, 3 Abs. 1, § 4, Artikel 7 § 1 des Gesetzes über Änderungen auf dem Gebiete der Reichsversorgung vom 3. Juli 1934 [2]) (RGBl. I S 541) nebst Ausführungsbestimmungen hierzu gelten entsprechend.

(3) Ein Wechsel des Wohnsitzes nach der erstmaligen Feststellung der Versorgungsgebührnisse begründet keinen Anspruch auf Gewährung oder Erhöhung der Ortszulage (§ 51 des Reichsversorgungsgesetzes). Die Ausführungsbestimmung Nr. 6 zum § 51 des Reichsversorgungsgesetzes gilt entsprechend.

[1]) Vgl. XVI, 6a.
[2]) Vgl. XVI, 6b.

Artikel 3.

(1) Für das Ruhen der Versorgung gelten auch die Vorschriften des Dritten Teils Kapitel V (Pensionskürzung), Abschnitt I § 10 der Verordnung des Reichspräsidenten vom 6. Oktober 1931 (RGBl. I S. 537, 547), in der Fassung des Kapitels XI § 62 Nr. 1 b des Gesetzes vom 30. Juni 1933[1]) (RGBl. I S. 433, 442), die Vorschriften des Kapitels XII § 75 des Gesetzes vom 30. Juni 1933 (RGBl. I S. 433, 446), die Vorschriften der Verordnung vom 6. Oktober 1931, Dritter Teil Kapitel V (Pensionskürzung), Abschnitt II §§ 10, 11 (RGBl. I S. 537, 550) und die Vorschriften des Kapitels XI § 62 Nr. 3 des Gesetzes vom 30. Juni 1933 (RGBl. D S. 433, 442).[1, 2])

(2) Die Versorgung ruht außerdem für die Dauer der Wiederverwendung im Reichsarbeitsdienst.

(3) Das Recht auf Versorgungsgebührnisse ruht neben einem Vorschuß auf Übergangsgebührnisse nach § 3 Abs. 1 des Gesetzes über die vorläufige Reichsarbeitsdienstversorgung.

[1]) Vgl. XVI, 6 c.

[2]) Vgl. XVI, 6 d.

Artikel 4.

Die gemäß Artikel 2 errechneten monatlichen Zahlbeträge sind auf volle Reichsmark nach unten abzurunden.

Artikel 5.

Versorgung nach § 2 des Gesetzes über die vorläufige Reichsarbeitsdienstversorgung kann ohne Prüfung des Bedürfnisses und in gleicher Höhe wie die Versorgung nach § 1 des Gesetzes über die vorläufige Reichsarbeitsdienstversorgung gewährt werden.

II. Dienstzeitversorgung und Versorgung gemäß § 2 Abs. 2, § 77 Abs. 1 Halbsatz 2 des Wehrmachtversorgungsgesetzes.

Artikel 6.

(1) Die Vorschüsse auf Dienstzeitversorgungsgebührnisse und auf Versorgungsgebührnisse nach § 2 Abs. 2, § 77 Abs. 1 Halbsatz 2 des Wehrmachtversorgungsgesetzes können ohne Prüfung des Bedürfnisses und in gleicher Höhe wie die nach dem Wehrmachtversorgungsgesetz zuständigen Versorgungsgebührnisse gewährt werden.

(2) Für die Angehörigen des Stammpersonals bis zum Range eines Unterfeldmeisters einschließlich gelten die Vorschriften des Ersten Teils, für die übrigen Angehörigen des Stammpersonals gelten die Vorschriften des Zweiten Teils des Wehrmachtversorgungsgesetzes entsprechend.

(3) Die Vorschriften des § 3 Abs. 2 des Gesetzes über die vorläufige Reichsarbeitsdienstversorgung gelten entsprechend für die Berechnung des Vorschusses auf die Versorgungsgebührnisse der Hinterbliebenen.

(4) Im Falle des § 3 Abs. 2 Satz 3 des Gesetzes über die vor-

läufige Reichsarbeitsdienstversorgung dürfen der Berechnung des Vorschusses höchstens 50 vom Hundert des zuletzt bezogenen Diensteinkommens zugrunde gelegt werden.

(5) Vorschüsse auf die Zulage zu den Übergangsgebührnissen nach § 8 des Wehrmachtversorgungsgesetzes dürfen nicht gewährt werden.

(6) Vorschüsse auf Versorgungsgebührnisse gemäß § 2 Abs. 2 des Wehrmachtversorgungsgesetzes dürfen nur gewährt werden, wenn der Antragssteller wegen Dienstunfähigkeit entlassen worden ist.

III. Verfahren.

Artikel 7.

Für das Verfahren gelten die Vorschriften des Gesetzes über das Verfahren in Versorgungssachen[1]) und des Artikels 2 Abs. 1 und 4 des Fünften Gesetzes zur Änderung des Gesetzes über das Verfahren in Versorgungssachen vom 3. Juli 1934 (RGBl. I S. 544) entsprechend, soweit nachstehend nicht etwas anderes bestimmt ist.

[1]) Vom 10. Januar 1922 (RGBl. S. 59), in der Fassung vom 5. Juni 1931 (RGBl. S. 279, 287), 14. Juni 1932 (RGBl. I S. 273, 278) und 3. Juli 1934 (RGBl. I S. 544).

Artikel 8.

(1) Örtlich zuständig ist in den Fällen, in denen es sich um Versorgung auf Grund erlittener Dienstbeschädigung und um Vorschüsse auf Versorgungsgebührnisse gemäß § 2 Abs. 2, § 77 Abs. 1 Halbsatz 2 des Wehrmachtversorgungsgesetzes handelt, ausschließlich das Versorgungsamt IV Berlin. Das Versorgungsamt IV Berlin stellt auch die Zusatzrente fest.

(2) Gegen die Bescheide des Versorgungsamts ist, soweit es sich um die Feststellung einer Arbeitsdienstbeschädigung handelt (Artikel 10), Beschwerde (§ 61 des Gesetzes über das Verfahren in Versorgungssachen) an den Reichsarbeitsführer, im übrigen an das übergeordnete Hauptversorgungsamt zulässig.

Artikel 9.

(1) Die erstmaligen Anträge auf Versorgung wegen erlittener Dienstbeschädigung und auf Gewährung von Vorschüssen auf Versorgungsgebührnisse gemäß § 2 Abs. 2, § 57 Abs. 1 Halbsatz 2 des Wehrmachtversorgungsgesetzes sind an den zuständigen Arbeitsgauführer zu richten. Der Arbeitsgauführer hat die Anfrage mit dem ausgefüllten Fragebogen nach anliegendem Muster[1]) allen darin geforderten und allen außerdem von ihm beizuziehenden Unterlagen (Stammrollenauszug, Musterungs-, Einstellungs- und Entlassungsbefund, Krankenblätter, Krankenbuchauszug, Dienstbeschädigungslisten, Krankenkassenauskünften, Akten der Sozialversicherung), dem Versorgungsamt zuzuleiten.

(2) Das Versorgungsamt hat nach Abschluß des Verfahrens dem zuständigen Arbeitsgauführer eine kurze Mitteilung über das Ergebnis zu machen.

(3) Zuständig ist der Arbeitsgauführer, in dessen Bezirk sich die letzte Dienststelle des Antragstellers oder Verstorbenen befindet.

[1]) Die Anlage gelangt nicht zum Abdruck.

Artikel 10.

Die Anträge auf Versorgung wegen erlittener Dienstbeschädigung sind vor Übersendung an das Versorgungsamt dem Reichsarbeitsführer vorzulegen Der Reichsarbeitsführer kann feststellen, welche schädigenden Ergebnisse oder Diensteinflüsse (Arbeitsdienstbeschädigungen) vorgelegen haben; eine solche Feststellung ist für das Versorgungsamt bindend

Artikel 11.

(1) Die Gewährung von Vorschüssen auf laufende Dienstzeitversorgungsgebührnisse (§ 3 des Gesetzes über die vorläufige Reichsarbeitsdienstversorgung) ist von den Angehörigen des Stammpersonals spätestens bei der Entlassung schriftlich oder mündlich unter Aufnahme einer Niederschrift bei der Dienststelle zu beantragen, der der Antragsteller angehört. Die Anträge sind unverzüglich an den Führer des Arbeitsgaues abzugeben, der sie prüft und entscheidungsreif dem Reichsarbeitsführer übersendet Der Reichsarbeitsführer legt die Anträge mit Feststellungsverfügung und Bescheidentwurf dem Reichsminister des Innern zur Genehmigung vor, wenn er einen Vorschuß bewilligen will. Über die Ablehnung entscheidet er selbständig; gegen seine Entscheidung ist Beschwerde an den Reichsminister des Innern zulässig.

(2) Absatz 1 gilt entsprechend für die Hinterbliebenen der Angehörigen des Stammpersonals; der Antrag ist innerhalb von drei Monaten nach dem Tode bei der Dienststelle einzureichen, der der Verstorbene zuletzt angehört hat.

Artikel 12.

Ein Spruchverfahren findet nicht statt.

Artikel 13.

Alle vorläufigen Versorgungsgebührnisse und Vorschüsse werden durch das Versorgungsamt IV, Berlin, gezahlt und nach den Vorschriften über das Erlöschen und Ruhen der Versorgung geregelt.

IV. Schlußbestimmungen.

Artikel 14.

(1) Treffen Rentenansprüche nach dem Gesetz über die vorläufige Reichsarbeitsdienstversorgung mit solchen nach dem Reichsversorgungsgesetz, dem Altrentnergesetz, dem Wehrmachtversorgungsgesetz, dem Reichsgesetz über die Schutzpolizei der Länder, dem Gesetz über die Versorgung der Polizeibeamten beim Reichswasserschutz, dem Kriegspersonenschädengesetz oder dem Gesetz über die Versorgung der Kämpfer für die nationale Erhebung zusammen, so ist

eine einheitliche Rente nach dem Gesetz über die vorläufige Reichsarbeitsdienstversorgung festzustellen.

(2) Wird eine einheitliche Rente auf Grund von Renten festgestellt, deren Kosten zum Teil das Reich und zum Teil ein Land zu tragen hat, so bestimmt sich der das Reich und das Land treffende Kostenanteil nach dem Grade der Minderung der Erwerbsfähigkeit, der für die ihnen zur Last fallenden Renten maßgebend ist.

Artikel 15.

Die Zahlung der vorläufigen Versorgungsgebührnisse und Vorschüsse beginnt mit dem 1. Januar 1936, wenn der Antrag innerhalb von zwei Monaten nach dem Inkrafttreten des Gesetzes über die vorläufige Reichsarbeitsdienstversorgung gestellt wird, jedoch frühestens mit dem Monat, in dem die Voraussetzungen für die Gewährung der Versorgungsgebührnisse und Vorschüsse erfüllt sind.

Artikel 16.

(1) Ein Härteausgleich nach § 6 des Gesetzes über die vorläufige Reichsarbeitsdienstversorgung darf nur auf Antrag und nur mit Genehmigung des Reichsministers des Innern neu bewilligt, erhöht oder nach seiner Entziehung wiedergewählt werden.

(2) Ein Antrag ist dem Reichsminister des Innern nur vorzulegen, wenn er begründet ist und ein Bedürfnis besteht.

Artikel 17.

Diese Verordnung tritt mit Wirkung vom 1. April 1936 in Kraft.

VIII. Gesetz über die Befreiung des Grundbesitzes der Nationalsozialistischen Deutschen Arbeiterpartei von der Grundsteuer und der Gebäudeentschuldungssteuer.

Vom 15. April 1935 (RGBl. I S. 508).

Die Reichsregierung hat das folgende Gesetz beschlossen, das hierdurch verkündet wird:

§ 1.

Grundbesitz, der im Eigentum der Nationalsozialistischen Deutschen Arbeiterpartei oder der im § 2 Abs 2 genannten Verbände steht und seinem Hauptzweck gemäß von der NSDAP. oder den im § 2 genannten Gliederungen oder Verbänden unmittelbar für ihre Zwecke benutzt wird, ist von der Grundsteuer und der Gebäudeentschuldungssteuer befreit

§ 2.

(1)
(2) Die Vorschriften des § 1 gelten außerdem für:

5. den Freiwilligen Arbeitsdienst[1]) und den Arbeitsdank e. V.

[1]) Jetzt Reichsarbeitsdienst.

§ 3.

Grundbesitz, der im Eigentum der NSDAP oder der im § 2 Abs 2 genannten Verbände steht, dem Reich, einem Land, einer Gemeinde oder einem Gemeindeverband zur Verfügung gestellt ist und von dieser Gebietskörperschaft seinem Hauptzweck gemäß unmittelbar zu einem öffentlichen Dienst oder Gebrauch benutzt wird, ist von der Grundsteuer und der Gebäudeentschuldungssteuer befreit.

Grundbesitz, der nicht im Eigentum der NSDAP oder der im § 2 Abs 2 genannten Verbände steht, seinem Hauptzweck gemäß aber von der NSDAP. oder den in § 2 genannten Gliederungen oder Verbänden unmittelbar für ihre Zwecke benutzt wird, ist von der Grundsteuer und der Gebäudeentschuldungssteuer befreit:

1. wenn der Grundbesitz dem Reich, einem Land, einer Gemeinde oder einem Gemeindeverband gehört und der NSDAP. oder den im § 2 genannten Gliederungen oder Verbänden von dem Eigentümer zur Verfügung gestellt ist, oder
2. wenn der Grundbesitz einem sonstigen Eigentümer gehört und der NSDAP oder den im § 2 genannten Gliederungen oder Verbänden unentgeltlich zur Verfügung gestellt ist.

§ 4.

Soweit der Grundbesitz Wohnzwecken dient, ist er nicht als für die Zwecke der NSDAP. oder der im § 2 genannten Gliederungen oder Verbände benutzt anzusehen Das gilt nicht für die gemeinschaftlichen Wohnräume in Führerschulen und in Häusern des NS.-Deutschen Studentenbunds.

§ 5

Liegen die Voraussetzungen der Befreiung nur für einen Teil des Grundbesitzes vor, so gilt die Befreiung nur für diesen Teil.

§ 6

Der Reichsminister der Finanzen kann die zur Durchführung dieses Gesetzes erforderlichen Bestimmungen erlassen.

Die obersten Landesbehörden können für ihr Land die Bestimmungen treffen, die zum Vollzug des Gesetzes und der etwaigen Durchführungsbestimmungen erforderlich sind.

§ 7.

Dieses Gesetz ist auf die Grundsteuer der Länder und Gemeinden (Gemeindeverbände) und die Gebäudeentschuldungssteuer ab 1 April 1935 anzuwenden.

Die obersten Landesbehörden können die Vorschriften dieses Gesetzes ganz oder teilweise auch für einen vor dem 1. April 1935 liegenden Zeitraum für verbindlich erklären.

Für unentgeltlich überlassene Grundstücke und Grundstücksteile, für die bisher eine für den Steuerpflichtigen günstigere Regelung bestand, als sich auf Grund dieses Gesetzes ergeben würde, treten die Vorschriften dieses Gesetzes erst ab 1. Oktober 1935 in Kraft.

IX. Dienststrafvorschriften.

1. Dienststrafordnung für die Angehörigen des Reichsarbeitsdienstes vom 25. Februar 1936 (RGBl. I S. 123).

Auf Grund der §§ 15, 26 des Reichsarbeitsdienstgesetzes vom 26. Juni 1935 (RGBl. I S. 769) wird verordnet:

§ 1.

Der Dienststrafordnung unterworfen sind alle Angehörigen des Reichsarbeitsdienstes (§ 10 Abs 1 des Reichsarbeitsdienstgesetzes).

§ 2.

(1) Alle Handlungen und Unterlassungen, die

1. die Ehre der Gemeinschaft und das öffentliche Ansehen des Arbeitsdienstes oder die Kameradschaft im Arbeitsdienst verletzen oder gefährden,
oder
2. gegen Zucht und Ordnung im Arbeitsdienst verstoßen,

sind nach dieser Dienststrafordnung zu verfolgen.

(2) In besonders leichten Fällen kann an Stelle einer Strafe eine Zurechtweisung, Mahnung oder Rüge ausgesprochen werden.

§ 3.

(1) Dienststrafen sind:

a) Kleine Dienststrafen:
   1. Dienstverrichtungen im Innendienst außer der Reihe oder außer der Zeit, jedoch nur zur Wiedergutmachung nachlässiger Dienstverrichtungen gleicher Art.
   2. Einfacher Verweis.

b) Förmliche Dienststrafen:
   3. Strenger Verweis.
   4. Lagerarrest bis zu vier Wochen.
   5. Stubenarrest bis zu vier Wochen.
   6. Verschärfter Arrest bis zu zehn Tagen, zulässig nur bis zum Obervormann einschließlich.
   7. Zellenarrest von einem Tage bis zu 240 Tagen (kann in Gefängniszelle verbüßt werden).
   8. Aberkennung des Dienstgrades gegen Vormänner und Obervormänner.
   9. Zurücksetzung in der Beförderung.
   10. Entfernung aus dem Reichsarbeitsdienst.
   11. Ausstoßung aus dem Reichsarbeitsdienst.

(2) Zurechtweisungen, Ermahnungen oder Rügen sind keine Dienststrafen.

§ 4.

Arreststrafen dürfen nur nach vollen Tagen verhängt werden.

§ 5.

(1) Wegen desselben Dienstvergehens darf nur einmal und mit einer Dienststrafe vorgegangen werden.

(2) Die Aberkennung des Dienstgrades gegen Vormänner und Obervormänner kann als Zusatzstrafe mit einer anderen Dienststrafe verbunden werden.

§ 6

Die Strafbefugnis steht den Führern der Arbeitsdiensteinheiten vom Abteilungsführer an aufwärts gegenüber allen Angehörigen des Reichsarbeitsdienstes zu, die ihrer Befehlsgewalt unterstehen.[1])

[1]) Wegen Einschränkungen vgl. §§ 7, 9, 11 und 15.

§ 7.

(1) Zuständig für die Verhängung der Dienststrafe ist der unmittelbare Dienststrafvorgesetzte des Täters. Bei gemeinschaftlicher Verfehlung mehrerer Reichsarbeitsdienstangehöriger verschiedener Dienstgrade ist der Dienststrafvorgesetzte desjenigen Angehörigen zuständig, der den höheren Dienstgrad hat

(2) Höhere Vorgesetzte sind jedoch zuständig, wenn die Dienstverfehlung

1. unter ihren Augen begangen oder sonst zu ihrer unmittelbaren Kenntnis gelangt ist,
2. gegen ihr dienstliches Ansehen begangen ist,
3. von Angehörigen verschiedener Arbeitsdienstverbände ihres Befehlsbereichs begangen ist,
4. ihnen zur Entscheidung oder Bestimmung der Strafe gemeldet ist.

Der höhere Dienststrafvorgesetzte kann die Erledigung dem unmittelbaren Dienststrafvorgesetzten des Täters überlassen.

§ 8.

Tritt ein Wechsel in der Person des Dienststrafvorgesetzten vor Erledigung des Falles ein, so steht die Entscheidung dem neuen Dienststrafvorgesetzten zu.

§ 9.

(1) Der Reichsarbeitsführer bestimmt, wer Dienststrafvorgesetzter im Sinne dieser Verordnung ist.

(2) Den Umfang der Strafbefugnis der Dienststrafvorgesetzten regelt, unbeschadet der Bestimmungen des § 15, der Reichsarbeitsführer.[1])

[1]) Vgl. Verfahrensverordnung vom 1. März 1936 (IX, 2).

§ 10.

Die Kranken unterstehen auch während ihres Aufenthalts in der Krankenstube der Dienststrafbefugnis ihres Arbeitsdienstvorgesetzten.

§ 11.

Die Reichsarbeitsdienstärzte vom Arbeitsgruppenarzt an aufwärts, haben die Dienststrafbefugnis über das Heildienstpersonal ihres Dienstbereichs wegen Verfehlungen gegen ärztliche Anordnungen und sonstige heildienstliche Pflichten.

§ 12.

Dem Beschuldigten muß die Möglichkeit gegeben werden, sich zu rechtfertigen.

§ 13.

Hält ein Dienststrafvorgesetzter eine höhere Strafe für angemessen, als seiner Strafbefugnis entspricht, so hat er den Strafausspruch zu unterlassen und den Fall mit einem Bericht an den nächsthöheren Dienststrafvorgesetzten weiterzugeben.

§ 14.

Die Dienststrafe darf nach der Bekanntgabe an den Beschuldigten von der Dienststelle, die sie verhängt hat, nicht mehr aufgehoben oder abgeändert werden, es sei denn, daß nach Verhängung der Strafe vor Rechtskraft Umstände bekannt werden, die eine andere Beurteilung der Tat rechtfertigen

§ 15.

(1) Bei Verfehlungen nach § 2 Ziffer 1 entscheidet über die Schuldfrage eine besondere Kammer, die aus dem für die Bestrafung zuständigen Führer als Vorsitzenden und zwei Beisitzern gebildet wird Die Beisitzer sollen möglichst dem Dienstrange des Beschuldigten angehören, nötigenfalls sind sie aus dem nächsthöheren Dienstgrad zu ergänzen.

(2) Die Beisitzer bestimmt der Vorsitzende zu Beginn jeder Gerichtsperiode (sechs Monate).

(3) Der Vorsitzende und die Beisitzer entscheiden gemeinsam über die Schuldfrage. Im übrigen (z. B. über Strafmilderungs- oder Strafschärfungsgründe) sind die Beisitzer nur Berater des Dienststrafvorgesetzten, dieser entscheidet allein über Art und Maß der Strafe.

(4) Bei Verfehlungen gegen § 2 Ziffer 2 finden diese Bestimmungen Anwendung, wenn eine Bestrafung mit Zellenarrest, Entfernung oder Ausstoß zu erwarten ist.

§ 16.

Der Strafausspruch darf erst am nächsten Tage, nachdem der Dienststrafvorgesetzte von der Tat Kenntnis erlangt hat, stattfinden.

§ 17.

Beschwerden gegen Dienststrafbescheide wegen Verfehlungen nach § 2 Ziffer 2 haben keine aufschiebende Wirkung, wenn eine der im § 3 Ziffern 1 bis 6 genannten Strafen verhängt worden ist. In diesen Fällen wird die Strafe sofort nach dem Ausspruch vollzogen.

In allen übrigen Fällen tritt der Strafvollzug erst nach rechtskräftiger Feststellung der Strafe ein

§ 18.

Der Dienststrafvorgesetzte kann aus dringenden Gründen den Vollzug der Dienststrafe aufschieben oder unterbrechen.

§ 19.

Die Art des Strafvollzugs regelt sich nach der Strafvollzugsordnung[1]) (§ 29).

[1]) Vgl. IX, 3.

§ 20.

Alle förmlichen Dienststrafen sind im Strafbuch einzutragen.

§ 21.

Die Strafvollstreckung verjährt mit einem Jahre. Die Frist beginnt mit dem Tag, an dem die Strafe dem Verurteilten bekanntgegeben ist.

§ 22.

Gegen jeden Dienststrafbescheid steht dem Verurteilten der Beschwerdegang nach Maßgabe der Verfahrensordnung offen (§ 29).[1])

[1]) Vgl. IX, 4.

§ 23.

(1) Der Dienststrafvorgesetzte hat die Einleitung eines Dienststrafverfahrens seinem mit der Dienststrafgewalt eines Arbeitsgauführers ausgestatteten Dienststrafvorgesetzten auf dem Dienstwege zu melden, wenn die Dienstverfehlung gleichzeitig den Tatbestand einer strafbaren Handlung der allgemeinen Strafgesetze erfüllt.

(2) Der mit der Dienststrafgewalt eines Arbeitsgauführers ausgestattete Führer hat sich unverzüglich mit dem zuständigen Oberstaatsanwalt darüber zu verständigen, ob die Verfolgung von diesem zu übernehmen ist oder ob die Straftat nur nach der Dienststrafordnung des Reichsarbeitsdienstes verfolgt werden soll. Der Reichsarbeitsführer erläßt hierzu für seinen Dienstbereich weitere Anordnungen.

§ 24.

(1) Während einer strafgerichtlichen Untersuchung muß ein wegen derselben Tatsachen etwa eingeleitetes Dienststrafverfahren ausgesetzt werden, bis das strafgerichtliche Verfahren beendet ist. Eine Ausnahme gilt nur, wenn im strafgerichtlichen Verfahren eine Hauptverhandlung deshalb nicht stattfinden kann, weil der Beschuldigte abwesend ist.

(2) Wenn das strafgerichtliche Urteil auf Freisprechung lautet, so darf in einem etwa noch notwendigen Dienststrafverfahren nur noch geprüft werden, ob der in dem strafgerichtlichen Urteil festgestellte Tatbestand eine Verfehlung nach § 2 enthält.

§ 25.

Jeder Führer des Arbeitsdienstes vom Unterfeldmeister an aufwärts ist berechtigt, die ihm dienstlich Unterstellten oder im Dienstgrade unter ihm Stehenden vorläufig festzunehmen oder ihre vorläufige Festnahme zu bewirken, wenn die Aufrechterhaltung der Manneszucht es zwingend fordert. Eine solche vorläufige Festnahme ist sofort dem Dienststrafvorgesetzten des Festgenommenen zu melden, der das Erforderliche veranlaßt.

§ 26.

Angehörige des Reichsarbeitsdienstes, gegen die ein Dienststrafverfahren eingeleitet ist, können vom Dienst vorläufig enthoben werden. Dem Angehörigen ist zuvor Gelegenheit zu geben, sich zu der Beschuldigung zu äußern.

§ 27.

Dem Führer und Reichskanzler steht das Gnadenrecht in Dienststrafsachen für alle Angehörigen des Reichsarbeitsdienstes zu. Er übt es selbst aus oder überträgt die Ausübung anderen Stellen.

§ 28.

Die öffentlichen Behörden haben im Rahmen ihrer Zuständigkeit den mit der Ausübung der Dienststrafgerichtsbarkeit betrauten Dienststellen des Reichsarbeitsdienstes Amts- und Rechtshilfe zu leisten.

§ 29.

Die Strafvollzugsordnung (§ 19),[1]) die Verfahrensordnung (§ 22)[2]) einschließlich der Vorschriften über die vorläufige Festsetzung und sonst notwendige Durchführungsverordnungen, erläßt der Reichsarbeitsführer. Diese Verordnungen und Anordnungen sind im Verordnungsblatt der Reichsleitung des Arbeitsdienstes bekanntzugeben.

1) Vgl. IX, 3. 2) Vgl. IX, 2.

§ 30.

Die Dienststrafordnung für die Angehörigen des Freiwilligen Arbeitsdienstes vom 8. Januar 1935 (RGBl. I S. 5 und Artikel 18 der Zweiten Verordnung zur Durchführung und Ergänzung des Reichsarbeitsdienstgesetzes vom 1. Oktober 1935 [RGBl. I S. 1215]) werden aufgehoben.

§ 31.

Diese Verordnung tritt am 1. März 1936 in Kraft.

2. Verordnung für das Verfahren in Dienststrafsachen des Reichsarbeitsdienstes

vom 1. März 1936 (Verordnungsblatt 24/36).

Auf Grund der §§ 9, 22 und 29 der Dienststrafverordnung für die Angehörigen des Reichsarbeitsdienstes vom 25. Februar 1936 wird verordnet:

§ 1.

(1) Über die Verhängung von Dienststrafen entscheiden die Füh-

rer der Arbeitsdiensteinheiten vom Abteilungsführer an aufwärts (Dienststrafvorgesetzte) allein (§ 2) oder in Verbindung mit Dienststrafkammern (§ 3) gegen die Angehörigen ihres Befehlsbereichs.

(2) Den Umfang der Dienststrafgewalt der Führer von Schulen, Stäben und anderen besonders gebildeten Einheiten bestimmt der Reichsarbeitsführer im Rahmen des § 2 durch besondere Verfügung.

§ 2.

Die Dienststrafvorgesetzten.

(1) Die Abteilungsführer sind zuständig zur Verhängung folgender Dienststrafen:

a) Kleine Dienststrafen:
1. Dienstverrichtungen im Innendienst außer der Reihe oder außer der Zeit, jedoch nur zur Wiedergutmachung nachlässiger Dienstverrichtungen gleicher Art: gegen Arbeitsmänner bis einschließlich Obertruppführer.
2. Einfacher Verweis: gegen Arbeitsmänner bis einschließlich Feldmeister.

b) Förmliche Dienststrafen:
3. Strenger Verweis: gegen Arbeitsmänner bis einschließlich Obertruppführer.
4. Lagerarrest für Arbeitsdienstangehörige, die geschlossen untergebracht sind, bis zu 3 Wochen: gegen Arbeitsmänner bis einschließlich Truppführer.
5. Stubenarrest bis zu 8 Tagen: gegen Arbeitsmänner bis einschließlich Obervormänner.
6. Verschärfter Arrest bis zu 3 Tagen: gegen Arbeitsmänner bis einschließlich Obervormänner.

(2) Die Gruppenführer sind zuständig zur Verhängung folgender Dienststrafen:

a) Kleine Dienststrafen:
1. Dienstverrichtungen im Innendienst außer der Reihe oder außer der Zeit, jedoch nur zur Wiedergutmachung nachlässiger Dienstverrichtungen gleicher Art: gegen Arbeitsmänner bis einschließlich Obertruppführer.
2. Einfacher Verweis: gegen Arbeitsmänner bis einschließlich Oberfeldmeister.

b) Förmliche Dienststrafen:
3. Strenger Verweis: gegen Arbeitsmänner bis einschließlich Oberfeldmeister.
4. Lagerarrest für Arbeitsdienstangehörige, die geschlossen untergebracht sind, bis zu 4 Wochen: gegen Arbeitsmänner bis einschließlich Truppführer.
5. Stubenarrest bis zu 14 Tagen: gegen Arbeitsmänner bis einschließlich Obervormänner.

Stubenarrest bis zu 8 Tagen: gegen Truppführer bis einschließlich Feldmeister.

6. Verschärfter Arrest bis zu 7 Tagen: gegen Arbeitsmänner bis einschließlich Obervormänner.
7. Aberkennung des Dienstgrades: gegen Vormänner oder Obervormänner.

(3) Die Arbeitsgauführer sind zuständig zur Verhängung folgender Dienststrafen:

a) Kleine Dienststrafen:

1. Dienstverrichtungen im Innendienst außer der Reihe oder außer der Zeit, jedoch nur zur Wiedergutmachung nachlässiger Dienstverrichtungen gleicher Art: gegen Arbeitsmänner bis einschließlich Obertruppführer.
2. Einfacher Verweis: gegen Arbeitsmänner bis einschließlich Oberarbeitsführer.

b) Förmliche Dienststrafen:

3. Strenger Verweis: gegen Arbeitsmänner bis einschließlich Oberarbeitsführer.
4. Lagerarrest für Arbeitsdienstangehörige, die geschlossen untergebracht sind, bis zu 4 Wochen: gegen Arbeitsmänner bis einschließlich Obertruppführer.
5. Stubenarrest bis zu 4 Wochen: gegen Arbeitsmänner bis einschließlich Obertruppführer.
   Stubenarrest bis zu 14 Tagen: gegen Unterfeldmeister und Feldmeister.
   Stubenarrest bis zu 8 Tagen: gegen Oberfeldmeister.
6. Verschärfter Arrest bis zu 10 Tagen: gegen Arbeitsmänner bis einschließlich Obervormänner.
7. Zellenarrest von 1 Tag bis zu 240 Tagen: gegen Arbeitsmänner bis einschließlich Obertruppführer.
8. Aberkennung des Dienstgrades: gegen Vormänner und Obervormänner.
9. Zurücksetzung in der Beförderung: gegen Truppführer und Obertruppführer.
10. Entfernung: gegen Arbeitsmänner bis einschließlich Obertruppführer.
11. Ausstoßung: gegen Arbeitsmänner bis einschließlich Obertruppführer.

(4) Der Reichsarbeitsführer ist zuständig zur Verhängung aller Dienststrafen gemäß § 3 der Dienststrafverordnung gegen alle Angehörigen des Arbeitsdienstes.

§ 3.

Die Kammern.

(1) In den Fällen des § 15 der Dienststrafverordnung tritt dem Dienststrafvorgesetzten eine Dienststrafkammer zur Seite.

(2) Den Vorsitz in der Kammer führt der in den §§ 1 und 2 bezeichnete Dienststrafvorgesetzte.

(3) Bei den Beratungen und Entscheidungen der Dienststrafkammern (§ 15 Abs. 1 und 3 der Dienststrafordnung) können sich der Reichsarbeitsführer und die Arbeitsgauführer bei Behinderung durch einen vom Reichsarbeitsführer allgemein ernannten Stellvertreter vertreten lassen. Art und Maß der Strafe ist jedoch von den Führern persönlich verantwortlich zu verhängen.

§ 4.

Die Beisitzer.

(1) Der Dienststrafvorgesetzte bestimmt aus der ihm unterstellten Arbeitsdiensteinheit je 2 Angehörige jedes Dienstgrades als Beisitzer und für jeden Beisitzer einen Stellvertreter. Zwischen Vormännern und Obervormännern, Truppführern und Obertruppführern, Unterfeldmeistern und Feldmeistern ist für diese Wahl kein Unterschied zu machen. Sind bei einer Einheit nicht genügend Angehörige eines Dienstgrades vorhanden, so sind sie aus anderen Einheiten zu ergänzen.

(2) Die Beisitzer werden zum 1. April und 1. Oktober jedes Jahres jeweils für die folgenden 6 Monate (Gerichtsperiode) berufen.

(3) Scheidet ein Angehöriger des Arbeitsdienstes aus seiner Arbeitsdiensteinheit aus, für die er als Beisitzer berufen ist, so wird er für den Rest der Gerichtsperiode durch den stellvertretenden Beisitzer ersetzt, für den dann ein neuer Stellvertreter bestimmt wird. Das gleiche kann der Dienststrafvorgesetzte anordnen, wenn gegen den Beisitzer

a) eine förmliche Dienststrafe verhängt worden ist, oder

b) ein Dienststrafverfahren oder ein gerichtliches Strafverfahren eingeleitet worden ist.

(4) Sinngemäß ist bei den stellvertretenden Beisitzern zu verfahren.

(5) Für den nach Abs. 3 zum ordentlichen Beisitzer aufgerückten Stellvertreter ist sofort ein neuer Stellvertreter nach der Vorschrift des Abs. 1 zu benennen.

§ 5.

Dienststrafbescheid.

(1) Eine förmliche Dienststrafe wird durch einen schriftlichen, die Strafe und den Strafgrund enthaltenden Bescheid verhängt.

(2) Bei Verhängung von Dienststrafen gemäß § 3 Ziffer 7 bis 11 der Dienststrafverordnung muß der Beschuldigte auf das Recht der Beschwerde und das bei Einlegung der Beschwerde einzuhaltende Verfahren ausdrücklich hingewiesen werden, soweit überhaupt eine Beschwerde gegeben ist.

(3) Der Bescheid ist dem Beschuldigten dienstlich bekanntzugeben.

§ 6.

Beschwerde.

(1) Gegen jeden Bescheid, der eine Dienststrafe ausspricht, kann der Beschuldigte frühestens am nächsten Tage und spätestens am fünften Tage (einschließlich Sonn- und Feiertage), nachdem ihm der Bescheid dienstlich bekanntgegeben worden ist, Beschwerde an den nächsthöheren Dienststrafvorgesetzten einlegen. (Die Beschwerde hat nur nach Maßgabe des § 17 der Dienststrafverordnung aufschiebende Wirkung.)

(2) Hat der Beschwerdeführer ohne sein Verschulden die Beschwerdefrist versäumt, so gilt die Beschwerde als rechtzeitig eingelegt, wenn sie spätestens am fünften Tage (einschließlich Sonn- und Feiertage) nach Wegfall des Hindernisses eingelegt worden ist.

§ 7.

(1) In der Beschwerdeinstanz gelten die §§ 3 bis 5 entsprechend.

(2) Die in der ersten Instanz festgesetzte Dienststrafe darf nicht verschärft werden.

§ 8.

Weitere Beschwerde.

(1) Gegen den Bescheid der Beschwerdeinstanz ist eine weitere Beschwerde nur zulässig, wenn die Dienststrafe der Entfernung oder Ausstoßung verhängt ist.

(2) Für die weitere Beschwerde gelten die §§ 3 bis 6 entsprechend.

§ 9.

Rechtskraft.

Ein Dienststrafbescheid (§ 5) wird rechtskräftig

1. mit Ablauf der Beschwerdefrist (§§ 6, 8), wenn innerhalb dieser Frist keine Beschwerde eingelegt worden ist (für die Einlegung gelten §§ 6 und 7),
2. wenn Beschwerde eingelegt ist: in dem Zeitpunkt, in dem die Entscheidung letzter Instanz dem Beschuldigten dienstlich bekanntgegeben worden ist.

§ 10.

Wiederaufnahme des Verfahrens.

(1) Ein rechtskräftig abgeschlossenes Verfahren kann wieder aufgenommen werden, wenn

a) die Entscheidung gegen Rechtsvorschriften verstößt,
b) nach Rechtskraft neue Tatsachen bekannt werden, die eine andere Entscheidung rechtfertigen.

(2) Das Wiederaufnahmeverfahren kann von allen Dienststrafvorgesetzten des Führers, der die Strafe verhängt hat, angeordnet werden.

(3) Der Dienststrafvorgesetzte, der die Strafe verhängt hat, kann

selbst bei dem nächsthöheren Dienststrafvorgesetzten das Wiederaufnahmeverfahren beantragen.

(4) Das Wiederaufnahmeverfahren wird durchgeführt von dem nächsthöheren Dienststrafvorgesetzten des Führers, der die Strafe verhängt hat. Hat dieser selbst den Wiederaufnahmeantrag gestellt, so kann er mit der Durchführung des neuen Verfahrens beauftragt werden.

(5) Hat der Reichsarbeitsführer eine Strafe verhängt, so kann er selbst das Wiederaufnahmeverfahren anordnen und durchführen.

§ 11.

Vorläufige Festsetzung.

(1) Ein Angehöriger des Reichsarbeitsdienstes kann vorläufig festgesetzt werden, wenn

1. der dringende Verdacht einer Verfehlung vorliegt, bei der eine Bestrafung mit Zellenarrest, Entfernung oder Ausstoßung aus dem Arbeitsdienst zu erwarten ist,
2. der Beschuldigte fluchtverdächtig ist, oder
3. die Aufrechterhaltung der Manneszucht die Festsetzung erfordert, oder
4. Tatsachen vorliegen, aus denen zu schließen ist, daß der Beschuldigte Spuren der Tat vernichtet, oder daß er Zeugen oder Mitschuldige zu einer falschen Aussage, oder Zeugen dazu verleiten werde, sich der Zeugenaussage zu entziehen, oder daß er seine Freiheit zur Begehung neuer strafbarer Handlungen mißbraucht.

(2) Darüber, ob ein Beschuldigter vorläufig festgesetzt werden soll, entscheidet der Dienststrafvorgesetzte, dem die Dienststrafgewalt eines Arbeitsgauführers zusteht.

Gegen diese Entscheidung ist die Beschwerde gemäß § 22 der Dienststrafordnung ohne Aufschub zulässig. Die Beschwerde hat keine aufschiebende Wirkung.

(3) Der Festgesetzte muß spätestens am Tage nach seiner Einlieferung über den Gegenstand der Beschuldigungen gehört werden.

(4) Die vorläufige Festsetzung ist aufzuheben, wenn ihre Gründe nicht mehr bestehen oder der Beschuldigte außer Verfolgung gesetzt oder freigesprochen wird.

Bei der Strafzumessung kann die Zeit der vorläufigen Festsetzung angerechnet werden.

(5) Der Festgesetzte soll, soweit möglich, von anderen abgesondert und nicht in demselben Raum mit Strafgefangenen verwahrt werden. Es darf ihm nur solche Beschränkung auferlegt werden, die zur Sicherung des Zwecks der Festsetzung und zur Aufrechterhaltung der Ordnung im Haftraum notwendig ist.

Die näheren Bestimmungen trifft der die vorläufige Festsetzung verhängende Dienststrafvorgesetzte.

3. Strafvollzugsordnung für Dienststrafen im Reichsarbeitsdienst (VollzO.).

Vom 1. März 1936 (Verordnungsblatt 24/36).

Auf Grund der §§ 19 und 29 der Dienststrafordnung für die Angehörigen des Reichsarbeitsdienstes vom 25. Februar 1936 wird verordnet:

Allgemeine Bestimmungen.

§ 1.

Dienststrafen werden von dem Dienststrafvorgesetzten vollstreckt, der sie verhängt hat. Dieser kann die Vollstreckung ganz oder teilweise einem anderen Führer übertragen (vollstreckender Vorgesetzter).

§ 2.

(1) Nach ordnungsmäßigem Ausscheiden aus dem Arbeitsdienst können Dienststrafen nicht mehr vollstreckt werden.

(2) Sind noch Arreststrafen (§ 3 Nr. 5 bis 7 der Dienststrafordnung) am Entlassungstage nicht angetreten oder nicht vollständig verbüßt, so kann der mit der Dienststrafgewalt eines Arbeitsgauführers beliehene Dienststrafvorgesetzte vorbehaltlich des § 16 des Reichsarbeitsdienstgesetzes und des § 3 der ersten Verordnung zur Durchführung und Ergänzung des Reichsarbeitsdienstgesetzes vom 27. Juni 1935 (RGBl. I S. 769) anordnen, daß sie nachverbüßt werden. Der Entlassungstag schiebt sich entsprechend hinaus.

§ 3.

Die Kosten der Vollstreckung von Dienststrafen fallen dem Arbeitsdienst zur Last.

§ 4.

(1) Bestrafungen nach § 3 Ziffer 3 bis 7, 9 und 10 der Dienststrafordnung werden nach Eintritt der Rechtskraft an alle dem entscheidenden Dienststrafvorgesetzten unterstellten Arbeitsdienstangehörigen vom Dienstgrad des Bestraften an aufwärts bekanntgegeben.

(2) Bestrafungen nach § 3 Ziffer 8 der Dienststrafordnung werden nach Eintritt der Rechtskraft an alle dem entscheidenden Dienststrafvorgesetzten unterstellten Arbeitsdienstangehörigen bekanntgegeben.

(3) Bestrafungen nach § 3 Ziffer 11 der Dienststrafordnung werden durch Tagesbefehl an die dem entscheidenden Dienststrafvorgesetzten unterstellten Arbeitsdienstangehörigen sowie durch Veröffentlichung im Verordnungsblatt der Reichsleitung des Arbeitsdienstes bekanntgegeben.

Vollzug der einzelnen Dienststrafen.

§ 5.

Dienstverrichtungen außer der Reihe: Vollzug nach Anordnung des vollstreckenden Vorgesetzten möglichst während der Freizeit, jedoch nicht an Sonn- und Feiertagen, sofern nicht auch sonst an solchen Tagen ein gleichartiger Dienst stattfindet.

§ 6.

Einfacher Verweis: Der vollstreckende Vorgesetzte befiehlt Ort, Zeitpunkt und Anzug und erteilt den Verweis.

§ 7.

Strenger Verweis (Bekanntgabe nach § 4): Vollzug wie beim einfachen Verweis.

§ 8.

Lagerarrest (Bekanntgabe nach § 4): Entzug jeglichen Urlaubs während der Arrestzeit und Ausschluß von gemeinsamen Freizeitveranstaltungen, sofern diese außerhalb der Unterkunft stattfinden.

§ 9.

(1) Stubenarrest (Bekanntgabe nach § 4): Einzelunterbringung in einem Raum während der dienstfreien Zeit einschließlich nachts. Außerhalb des Lagers wohnende Bestrafte bis zum Truppführer einschließlich müssen auf die Dauer der Strafe in das Lager ziehen. Vom Obertruppführer an aufwärts muß der Bestrafte, sofern er einer Arbeitsdienstabteilung angehört, einen Einzelraum in einem Dienstgebäude der Arbeitsdienstgruppe oder des Arbeitsgaues beziehen. Angehörige von Stäben, Schulen usw. verbüßen Stubenarrest in einem Dienstgebäude ihrer Dienststelle.

(2) Bei Stubenarrest wird der Unterbringungsraum nicht verschlossen, jedoch hat der Bestrafte dem vollstreckenden Vorgesetzten die Versicherung zu geben, daß er den Raum während der Arrestzeit nicht eigenmächtig verläßt, es sei denn zur Verrichtung seiner Notdurft. Der Bestrafte ist darüber zu belehren, daß Bruch des Versprechens schwere Strafe nach sich zieht. Die Annahme von Besuchen, mit Ausnahmen des zuständigen Arztes, unterliegt der Genehmigung durch den vollstreckenden Vorgesetzten. Die Überwachung des Bestraften bis zum Truppführer einschließlich hat in den Lagern während des Tages durch den Truppführer vom Dienst, in Dienstgebäuden durch den Führer vom Dienst zu erfolgen. Nachts übernimmt der Wachthabende diese Verpflichtung. Die Überwachungen sind im Wachtbuch einzutragen. Die Überwachung des Bestraften vom Obertruppführer an aufwärts regelt der vollstreckende Vorgesetzte nach dem Grundsatz, daß nur Führer vom Dienstgrad des Bestraften an aufwärts die Überwachung übernehmen können.

(3) Bei Stubenarrest wird die zuständige Beköstigung gewährt.

(4) Vom Arbeitsführer aufwärts ist der Stubenarrest in der Wohnung zu verbüßen.

§ 10.

(1) Verschärfter Arrest (Bekanntgabe nach § 4): Ununterbrochene Einzelunterbringung des Bestraften während der ganzen Strafdauer, also auch während der Dienstzeit, in einem Einzelraum, der

von außen unter ständigem Verschluß gehalten wird. Für die örtliche Unterbringung gilt § 9, jedoch muß verschärfter Arrest von mehr als 3 Tagen in einem Dienstgebäude einer Arbeitsdienstgruppe vollstreckt werden.

(2) Verschärfter Arrest wird in eigens dafür bereitzustellenden Arresträumen verbüßt. Der Raum muß von außen sicher verschließbar sein und vergitterte Fenster haben, so daß ein Entweichen unmöglich ist. In ihm ist ein Nachtstuhl aufzustellen. Das Lager ist hart und nur mit einer Decke, in der kalten Jahreszeit mit mehreren Decken ausgestattet. Der Raum muß heizbar sein. Er ist peinlich sauber zu halten, jedoch hat jede Ausschmückung oder Ausstattung mit Bequemlichkeiten zu unterbleiben.

(3) Bei verschärftem Arrest werden nur Wasser und 1000 g Brot als Tagesverpflegung verabreicht, daneben am 4. und 7. Tage volle Beköstigung In den Monaten November bis April kann morgens warme Frühkost (Kaffee, Tee oder Suppe) verabfolgt werden.

(4) Verschärfter Arrest wird im Dienstanzug schlechter Garnitur verbüßt Ehrenzeichen sowie Kampfbinde dürfen nicht getragen werden.

(5) Die Annahme von Besuchen, mit Ausnahmen des zuständigen Arztes, unterliegt der Genehmigung durch den vollstreckenden Vorgesetzten. Die Genehmigung wird für den Einzelfall erteilt.

(6) Bei verschärftem Arrest ist der Genuß von Tabak und geistigen Getränken jeder Art verboten.

(7) Das Lesen von Büchern, Zeitschriften und Zeitungen ist jedoch gestattet.

§ 11.

Zellenarrest (Bekanntgabe nach § 4):

(1) Den Vollzug des Zellenarrestes in eigenen Räumen oder in militärischen Strafanstalten regelt der Reichsarbeitsführer durch eine besondere Verordnung.

(2) Soweit eine Vollstreckung in eigenen Räumen oder in militärischen Strafanstalten nicht möglich ist, ersucht der zuständige Dienststrafvorgesetzte den Generalstaatsanwalt des Oberlandesgerichts, in dessen Bezirk die Strafe vollstreckt werden soll, unter Mitteilung einer Ausfertigung des rechtskräftigen Bescheids um Vollstreckung und regelt die Übergabe.

(3) Der Bestrafte unterliegt während des Vollzugs des Zellenarrestes in der Gefängniszelle den für die Behandlung von Gefängnisgefangenen geltenden Vorschriften. Er ist von Gefangenen anderer Art getrennt zu halten Er kann mit Gefangenen gleicher Art zusammengebracht werden.

§ 12.

Bei verschärftem Arrest und Zellenarrest ist vor Antritt der Strafe durch ärztliche Untersuchung festzustellen, daß keine Bedenken gegen den Vollzug der Strafe bestehen.

§ 13.

Wenn ärztliche Bedenken oder dringende dienstliche Erfordernisse dem Strafvollzug entgegenstehen, so kann der Vollzug aufgeschoben oder unterbrochen werden. Bei verschärftem Arrest kann auf Grund eines ärztlichen Attestes gewöhnliche Verpflegung zugestanden werden. Die Gründe eines Aufschubs oder einer Unterbrechung des Vollzugs sowie die Gründe einer Verpflegungsänderung sind durch den zuständigen Arzt oder bei dienstlicher Vollzugsbehinderung durch den zuständigen Vorgesetzten zu bescheinigen und dem Dienststrafvorgesetzten, der die Strafe vollstreckt, unverzüglich zur Kenntnis zu bringen.

§ 14

Die geldlichen Gebührnisse bleiben von Freiheitsstrafen im Arbeitsdienst unberührt

§ 15.

Der Bestrafte kann sich über Maßnahmen des Strafvollzuges ohne Inanspruchnahme des Vermittlers mündlich oder schriftlich bei dem vollstreckenden Vorgesetzten beschweren.

Beim Vollzug des Zellenarrestes gilt § 11 Abs 3 Satz 1.

§ 16.

Der in Arrest befindliche Angehörige des Arbeitsdienstes kann schriftliche Gesuche an den Dienststrafvorgesetzten richten, der das Weitere zu veranlassen hat.

§ 17.

Die Teilnahme am Gottesdienst kann bei Lager- und Stubenarrest gestattet werden.

§ 18.

Bei einer Erkrankung während des Vollzugs einer Freiheitsstrafe ist das Gutachten des zuständigen Arztes darüber einzuholen, ob der Vollzug unterbrochen werden muß (§ 13).

§ 19.

Aberkennung des Dienstgrades (Bekanntgabe nach § 4 Abs. 2): Dem Bestraften wird mitgeteilt, von welchem Zeitpunkt ab ihm die mit dem bisherigen Dienstgrad verbundenen Rechte entzogen werden.

§ 20.

Zurücksetzung in der Beförderung (Bekanntgabe nach § 4): Dem Bestraften wird schriftlich auf dem Dienstwege mitgeteilt, um wieviel Plätze er in der Rangordnung für die Beförderung zurückgesetzt wird.

§ 21.

Entfernung (Bekanntgabe nach § 4): Sie wird dem Bestraften schriftlich auf dem Dienstwege mitgeteilt. Als Zeitpunkt der Entfernung gilt der Tag der Rechtskraft. Der Bestrafte verliert nach der Entfernung das Recht zum Tragen der Arbeitsdiensttracht.

Ausstoßen aus dem Arbeitsdienst (Bekanntgabe nach § 4 Abs. 3): Dem Bestraften wird schriftlich auf dem Dienstwege seine sofortige Entfernung aus dem Arbeitsdienst mitgeteilt. Damit verbunden ist der sofortige Entzug der Besoldung, des Rechtes zum Tragen der Arbeitsdiensttracht und zum Führen der Dienstbezeichnung, ferner die dauernde Unfähigkeit zum Wiedereintritt in den Arbeitsdienst.

4. Beschwerdeordnung für den Reichsarbeitsdienst

Vom 1. März 1936 (Verordnungsblatt 24/36).

Einführung.

Die Beschwerdeordnung ist dazu bestimmt, die Beschwerdeführung in geregelte Formen zu bringen, die einerseits den Forderungen der Autorität und Manneszucht entsprechen, andererseits Schutz gegen Ungerechtigkeiten gewähren und Beseitigung von Mißständen erleichtern. Beschwerdeordnung und Dienststrafordnung geben zudem eine ausreichende Handhabe zur Durchführung des Ehrenschutzes im Reichsarbeitsdienst.

Die Beschwerdeordnung soll den Weg des persönlichen Vertrauens zwischen den untergeordneten und übergeordneten Soldaten der Arbeit nicht versperren.

Jeder Angehörige des Arbeitsdienstes, der sich irgendwie persönlich beschwert oder bedrückt fühlt, ohne Anlaß oder Absicht zur dienstlichen Beschwerde zu haben, soll sich mit seinem persönlichen Anliegen vertrauensvoll an seinen Abteilungsführer oder sonst unmittelbar vorgesetzten Führer wenden. Diesem steht es frei, die Erledigung der Angelegenheit auf den Weg der dienstlichen Beschwerde zu verweisen.

Der Reichsarbeitsführer und die Führer der Arbeitsgaue haben das Recht, für ihre Person bei Besichtigung von Lagern usw. Bitten und Beschwerden unmittelbar entgegenzunehmen.

Sie müssen dies für jeden einzelnen Fall ausdrücklich vorher bekanntgeben.

Die Beschwerdeordnung.

Allgemeines.

§ 1.

Jeder Angehörige des Arbeitsdienstes, der glaubt, daß ihm von einem anderen Angehörigen des Arbeitsdienstes ein Unrecht zugefügt wurde, hat das Recht, sich zu beschweren.

§ 2.

(1) Wer wider besseres Wissen eine auf unwahre Behauptungen gestützte Beschwerde anbringt, macht sich strafbar. Unbegründete Beschwerde an sich ist nicht strafbar.

(2) Macht sich der Beschwerdeführer in Verbindung mit der Füh-

rung seiner Beschwerde einer strafbaren Handlung schuldig, z. B. durch achtungswidrige Form oder Beleidigung eines Führers, so kann er dafür — unabhängig von der sonstigen Entscheidung der Beschwerde — zur Verantwortung gezogen werden.

§ 3.

Gemeinschaftliche Beschwerde mehrerer Personen ist verboten. Gibt ein Vorgang mehreren Personen Anlaß zur Beschwerde, so ist es jedem überlassen, für sich Beschwerde zu führen. Es ist jedoch verboten, Einzelbeschwerden vorher untereinander zu verabreden.

§ 4.

Für Beschwerden gegen Dienststrafen gilt die Verordnung über das Verfahren in Dienststrafsachen vom 1 März 1936.

Einleitung der Beschwerde

§ 5.

Die Beschwerde darf am nächsten Tage und spätestens am 5 Tage (einschließlich Sonn- und Feiertage), nachdem der Anlaß dem Beschwerdeführer bekannt wurde, eingeleitet werden. In diese Frist wird der Tag, an dem der Anlaß zur Beschwerde gegeben ist oder zur Kenntnis des Beschwerdeführers gelangt, nicht eingerechnet.

§ 6.

Die Beschwerde gilt als erhoben, sobald der Vermittler beauftragt, oder in Fällen, die seine Tätigkeit ausschließen, die Beschwerde dem für ihre Annahme zuständigen Vorgesetzten eingereicht ist. Bei Einreichung durch die Post genügt es, wenn die Beschwerdeschrift fristgerecht nachweislich (Einschreiben) aufgegeben ist.

Die Vermittlung.

§ 7.

Jeder Beschwerde hat der Versuch vorauszugehen, den Streitfall durch einen Vermittler gütlich beizulegen. Zu diesem Zwecke muß sich der Beschwerdeführer eines Vermittlers bedienen.

§ 8.

Eine Vermittlung findet nicht statt (siehe § 4):

1. Bei Beschwerden über eine Dienststrafe oder deren Vollstreckung,
2. bei Dienstentlassung oder Dienstenthebung,
3. bei Beschwerden über eine bereits getroffene Beschwerdeentscheidung,
4. bei vermeintlich unrichtiger Abfindung mit Gebührnissen (Besoldung, Verpflegung, Bekleidung usw.).

Der Vermittler.

§ 9.

Als Vermittler kann jeder Angehörige des Reichsarbeitsdienstes, der das Vertrauen des Beschwerdeführers genießt, tätig sein. Er soll nach Möglichkeit mindestens im Dienstrang des Beschwerdeführers stehen, darf aber nicht ranghöher sein als derjenige Vorgesetzte, der die Beschwerde zu entscheiden hat. Der Vermittler soll möglichst der Arbeitsdiensteinheit des Beschwerdeführers angehören.

§ 10.

Der als Vermittler Erwählte ist zur Übernahme der Vermittlung verpflichtet. Er hat darüber Verschwiegenheit zu wahren.

§ 11.

Der Vermittler hat sich durch den Beschwerdeführer über die einzelnen Beschwerdepunkte und die Auffassung des Beschwerdeführers genau unterrichten zu lassen, um sie dem Angeschuldigten mitteilen zu können.

Der Vermittler hat das Recht, die schriftliche Niederlegung der Beschwerde und ihrer Begründung zu fordern.

§ 12.

Beschwerden dürfen mündlich vorgebracht und erledigt werden, sofern nicht die Art des Tatbestandes schriftliche Erledigung erfordert.

§ 13.

Die Vermittlung beginnt damit, daß der Vermittler den Angeschuldigten von der Beschwerde in Kenntnis setzt. Der Angeschuldigte hat innerhalb von 3 Tagen (einschließlich Sonn- und Feiertage) zu der Beschwerde Stellung zu nehmen.

Wenn der Vermittler schriftlich an ihn herangetreten ist, muß seine Antwort in ihrem wesentlichen Inhalt schriftlich erfolgen.

§ 14.

Nach Entgegennahme der Antwort des Angeschuldigten und nachdem er sich auch über dessen Auffassung Klarheit verschafft hat, hat der Vermittler eine gütliche Beilegung der Beschwerdeangelegenheit zu versuchen, wenn die Lage des Falles dieses nicht von vornherein aussichtslos macht. Er hat für Ausgleichsversuche eine Spanne von 3 Tagen nach Erhalt der Stellungnahme des Angeschuldigten zur Verfügung.

§ 15.

Kommt ein Ausgleich zustande, so ist dieser bei schriftlicher Behandlung der Beschwerde schriftlich niederzulegen. Der Schriftsatz ist vom Beschwerdeführer und Angeschuldigten zu unterschreiben und beiden vom Vermittler auszuhändigen.

§ 16.

Sieht sich der Vermittler außerstande, einen Ausgleich herbeizuführen, so hat er dies dem Beschwerdeführer schriftlich mitzuteilen. Der Beschwerdeführer muß sich dann binnen 24 Stunden, nachdem er diese Mitteilung persönlich erhalten hat, entscheiden, ob er die Beschwerde weiter verfolgen will oder nicht.

Die Durchführung der Beschwerde.

§ 17.

Die Beschwerde ist dann unverzüglich, d. h. binnen 24 Stunden, beim Dienststrafvorgesetzten desjenigen, gegen den sich die Beschwerde richtet, mündlich oder schriftlich vorzubringen.

§ 18.

Die Durchführung einer Beschwerde hat der Beschwerdeführer seinem nächsten Dienststrafvorgesetzten zu melden, sofern sich die Beschwerde nicht gegen diesen selbst richtet.

Die Entscheidung.

§ 19.

Zuständig für die Entscheidung einer Beschwerde ist der nächste zu Verhängung von Dienststrofen befugte Vorgesetzte (Dienststrafvorgesetzte) des Angeschuldigten. Hat das Unterstellungsverhältnis des Angeschuldigten seit dem Beschwerdeanlaß gewechselt, so bleibt der frühere Dienststrafvorgesetzte des Angeschuldigten zuständig.

§ 20.

Der entscheidende Vorgesetzte hat die Pflicht, den Tatbestand mittels mündlicher oder schriftlicher Berichterstattung oder Zeugenvernehmung festzustellen.

Mündliche Verhandlungen sind kurz zusammengefaßt schriftlich niederzulegen.

§ 21.

(1) Der Beschwerdeführer kann jederzeit seine Beschwerde oder Teile davon zurückziehen, insbesondere wenn sich durch die Untersuchung Umstände ergeben, die ihm vorher unbekannt waren.

(2) Durch Zurücknehmen der Beschwerde ist diese erledigt. Bei schriftlicher Behandlung der Beschwerdeangelegenheit ist die Erledigung schriftlich festzulegen und dem Beschwerdeführer sowie dem Angeschuldigten bekanntzugeben.

§ 22.

Nach Abschluß der Ermittlungen ist die Entscheidung möglichst bald, jedoch nicht vor dem nächsten Tage zu treffen und mit Begründung schriftlich dem Beschwerdeführer und dem Angeschuldigten zuzustellen. Hat das Unterstellungsverhältnis des Beschwerdeführers oder des Angeschuldigten inzwischen gewechselt, so ist auch dem neuen Dienststrafvorgesetzten die Entscheidung mit Begründung mitzuteilen.

§ 23.

Der entscheidende Dienststrafvorgesetzte hat mit seiner Entscheidung ein Gutachten zu verknüpfen, ob die Beteiligten weiter bei ihrer Arbeitsdiensteinheit verbleiben können oder ob ihre Versetzung wünschenswert ist.

§ 24.

Alle in einer Beschwerdeangelegenheit entstandenen Schriftstücke sind geheftet bei der Dienststelle aufzubewahren, welche die letzte Entscheidung getroffen hat. Bei Angehörigen des Stammpersonals ist die Entscheidung zu den Personalakten zu nehmen.

Weitere Beschwerde gegen gefällte Entscheidung.

§ 25.

(1) Der Beschwerdeführer und der Angeschuldigte haben das Recht, gegen die über die Beschwerde getroffene Entscheidung innerhalb von 5 Tagen (einschließlich Sonn- und Feiertage) bei dem nächsthöheren Vorgesetzten unmittelbar und so fort bis zum Reichsarbeitsführer eine weitere Beschwerde einzulegen.

(2) Die Frist für die weitere Beschwerde, die stets unter Beifügung der vorausgegangenen Entscheidung oder ihrer beglaubigten Abschrift schriftlich vorzulegen ist, beginnt nach Ablauf des Tages, an dem der Betreffende von der Entscheidung dienstlich Kenntnis erhält.

Dienstweg, Fristen.

§ 26.

Durch schuldhaftes Nichteinhalten des Dienstweges oder der Fristen geht eine Beschwerde des Anspruches auf Erledigung verlustig, außerdem macht sich der Beschwerdeführer strafbar. Der Empfänger der Beschwerde hat jedoch zu prüfen, ob eine Untersuchung der Beschwerdeangelegenheit nicht im dienstlichen Interesse geboten ist.

Beschwerden von Arbeitsdienstangehörigen in Krankenhäusern oder staatlichen Strafanstalten.

§ 27.

Angehörige des Arbeitsdienstes, die sich im Krankenhaus oder zur Verbüßung von Strafen in einer staatlichen Strafanstalt befinden, oder außerhalb des Arbeitsdienstes abkommandiert sind, haben ihre Beschwerde ohne Beanspruchung eines Vermittlers dem entscheidenden Dienststrafvorgesetzten unmittelbar einzureichen.

X. Verordnung über Wachdienst im Reichsarbeitsdienst.

Vom 29. April 1936 (RGBl. I S. 405).

Auf Grund des Artikels 4 der Zweiten Verordnung zur Durchführung und Ergänzung des Reichsarbeitsdienstgesetzes vom 1. Oktober 1935 (RGBl. I S. 1215) wird verordnet:

Artikel 1.

(1) Der Wachdienst im Dienstbereich des Reichsarbeitsdienstes dient
a) der Aufrechterhaltung von Zucht und Ordnung,
b) dem Schutze von Personen und Sachen,
c) der Ehrung in besonderen Fällen.

(2) Über den Dienstbereich des Reichsarbeitsdienstes hinaus kann der Wachdienst tätig werden
a) auf Ersuchen von Wehrmacht und Polizei zu deren Unterstützung,
b) bei Notwehr und Notstand und zur Abwendung von Katastrophen.

Artikel 2.

Der Wachdienst gliedert sich in Wachen, Posten, Innen- und Außenstreifen und Begleitkommandos.

Artikel 3.

(1) Zur äußeren Kennzeichnung trägt der Wachdienst den Schulterriemen.

(2) Der Führer der Streife trägt den Streifendienst-Ringkragen auf der Brust. Jede Streife führt einen Ausweis über ihre Dienstaufgaben mit.

Artikel 4.

(1) Zu ihrem Schutze und um sich nötigenfalls in Erfüllung ihrer Dienstobliegenheiten mit Gewalt durchsetzen zu können, führen die Wachen und Posten in der Regel den Spaten. Ausnahmen werden durch besondere Anweisungen bestimmt. Die Ausstattung von Wachen, Posten und Streifen mit Waffen, insbesondere mit Schußwaffen, bedarf in jedem einzelnen Falle der Genehmigung des Reichsarbeitsführers.

(2) Streifen und Begleitkommandos führen nur in Ausnahmefällen auf besondere Anordnung des Standortführers den Spaten.

Artikel 5.

Befehlsbefugnis über den Wachdienst haben nur die Wachvorgesetzten innerhalb ihres Befehlsbereichs.

Artikel 6.

(1) Posten, die nicht vor Einlässen stehen, weisen Einlaßsuchende

an den Haupteinlaß bei der Wache. Außergewöhnlicher Durchgang (Übersteigen, Fensterein- und -ausstieg) ist zu verhindern. Die dabei Betroffenen sind festzustellen und dem Wachvorgesetzten zu melden.

(2) Wer unbefugt auf Grundstücken des Reichsarbeitsdienstes angetroffen wird, ist wegzuweisen oder zur Personenfeststellung anzuhalten, nötigenfalls vorläufig festzunehmen und auf die Wache zu führen. Darf der Posten auf besondere Anordnung seinen Posten nicht verlassen, ist der Festgenommene mit dem Gesicht zur Wand und mit den Händen auf dem Rücken nach Abnahme von Waffen, Stöcken und anderen gefährlichen Werkzeugen ins Schilderhaus zu stellen. Die Wache muß unverzüglich benachrichtigt und zur Abholung des Festgenommenen veranlaßt werden.

Artikel 7.

(1) Die Außenstreifen haben das Verhalten des Reichsarbeitsdienstangehörigen zu überwachen und jedes das Ansehen des Reichsarbeitsdienstes schädigen Verhaltens in der Öffentlichkeit zu verhindern. Sie sind befugt, Wirtschaften und Betriebe zur Erfüllung dieser Aufgaben zu betreten. Werden ihnen hierbei Schwierigkeiten (z. B. durch Zutrittsverweigung) gemacht, so ist in Zusammenarbeit mit der Polizei zu handeln.

(2) Bei Streitigkeiten zwischen Reichsarbeitsdienstangehörigen und Soldaten der Wehrmacht, Angehörigen der Polizei oder Zivilpersonen, sind die nächsten Dienststellen der Wehrmacht oder der Polizei unverzüglich zu verständigen, um dann gemeinsam mit ihnen zu handeln. Die Streifen des Reichsarbeitsdienstes sind aber nicht der Verpflichtung enthoben, in dringenden Fällen bereits einzugreifen, bevor Wehrmacht oder Polizei zur Stelle ist.

Artikel 8.

Die Führer von geschlossenen Verbänden, Wachen, Streifen und Begleitkommandos und die Posten sind berechtigt, Angehörige des Reichsarbeitsdienstes vorläufig festzunehmen, wenn es notwendig ist, um

a) die Fortsetzung einer strafbaren Handlung zu verhindern,
b) die Persönlichkeit eines Angehörigen des Reichsarbeitsdienstes, der sich strafbarer Handlung schuldig gemacht hat oder ihrer Begehung hinreichend verdächtigt ist, festzustellen.

Artikel 9.

Bei strafbaren Handlungen, die sich gegen Personen, Sachen oder die Ehre des Reichsarbeitsdienstes richten, dürfen auch Nichtangehörige des Reichsarbeitsdienstes von Führern von geschlossenen Verbänden, Wachen, Streifen und Begleitkommandos und den Posten vorläufig festgenommen werden, wenn es notwendig ist, um

a) die Fortsetzung der strafbaren Handlung zu verhindern,

b) die Persönlichkeit dessen, der auf frischer Tat betroffen oder verfolgt wird, festzustellen oder seine Flucht zu verhindern.

Artikel 10.

Zum Feststellen von Namen zur Festnahme von Reichsarbeitsdienstangehörigen dürfen die im Artikel 9 genannten Organe des Reichsarbeitsdienstes öffentliche Gaststätten jederzeit auch gegen den Willen des Inhabers betreten. Zum Betreten fremder Wohnungen ist die Polizei hinzuzuziehen.

Artikel 11.

(1) Die Festnahme geschieht durch entschlossenes Handauflegen unter vernehmlicher Bekanntgabe der Festnahme. Bei Angehörigen des Reichsarbeitsdienstes genügt Befehl oder Zuruf, zu halten.

(2) Nach der Festnahme ist anzudrohen, daß bei Fluchtversuch Gewalt angewendet wird.

(3) Waffen, Stöcke und andere gefährliche Werkzeuge sind abzunehmen. Bei Widersetzlichkeit kann der Festgenommene nach vorheriger Andohung gefesselt werden.

Artikel 12.

Die Festnahme ist sofort zu beenden, wenn die Feststellung der Person ausreichend erfolgt ist, ein Fluchtverdacht nicht mehr vorliegt und die Gefahr einer Fortsetzung der strafbaren Handlung beseitigt erscheint.

Artikel 13.

Festgenommene, die nicht dem Reichsarbeitsdienst angehören, sind unverzüglich der zuständigen Polizeistelle, Wehrmachtsangehörige der zuständigen Dienststelle der Wehrmacht zuzuführen.

Artikel 14.

(1) Führer von geschlossenen Verbänden, Wachen, Streifen und Begleitkommandos und die Posten haben in Ausübung ihrer Dienstobliegenheiten das Recht zur Gewaltanwendung, wenn

a) sie tätlich angegriffen, tätlich beleidigt oder tätlich bedroht werden,

b) einer vorläufigen Festnahme tätlicher Widerstand entgegengesetzt wird oder der Festgenommene sich zu befreien unternimmt,

c) die Fortsetzung einer strafbaren Handlung auf andere Weise nicht verhindert werden kann.

(2) Art und Maß der Gewaltanwendung hat sich in den Grenzen des zur Erreichung des Zweckes Gebotenen zu halten.

Zweiter Abschnitt.

Erfassung für den Reichsarbeitsdienst.

XI. Verordnung über das Erfassungswesen.

Vom 7. November 1935 (RGBl. I S. 1297).

Auf Grund des § 37 Abs. 2 des Wehrgesetzes vom 21. Mai 1935 (RGBl. I S. 609) und des Erlasses des Führers und Reichskanzlers vom 22. Mai 1935 über die Übertragung des Verordnungsrechts nach dem Wehrgesetz (RGBl. I S. 615) wird folgendes verordnet:

Erster Teil.

Erfassungswesen.

§ 1.

Personennachweise, Personenkreis.

(1) Als Grundlage für das Ersatzwesen werden namentliche Personennachweise angelegt und laufend geführt (Erfassungsverfahren).

(2) In die Personennachweise sind ausnahmslos alle männlichen Reichsangehörigen des Geburtsjahrgangs aufzunehmen, der für die Musterung und Aushebung bestimmt wird. Sie heißen im Sinne dieser Verordnung Dienstpflichtige.

(3) Absatz 2 gilt auch für solche Personen, deren Staatsangehörigkeit nicht feststeht.

(4) In die Personennachweise sind auch solche Dienstpflichtige aufzunehmen, bei denen Gründe vorliegen, die an der Ausübung der Dienstpflicht hindern könnten.

§ 2.

Erfassungsverfahren.

(1) Das Erfassungsverfahren wird

a) von den polizeilichen Meldebehörden und

b) von den Standesämtern

durchgeführt.

(2) Das Verfahren der polizeilichen Meldebehörden (§§ 13 bis 25) erfaßt die Dienstpflichtigen an ihrem Wohnsitz oder dauernden Aufenthalt (vgl. für Preußen § 2 der preußischen Polizeiverordnung über das Meldewesen).

(3) Das Verfahren des Standesamts (§§ 26 bis 33) erfaßt die Dienstpflichtigen an dem Ort ihrer Geburt (§ 17 des Personenstandsgesetzes) und dient der Ergänzung des Verfahrens der polizeilichen Meldebehörde.

(4) Die Aufsicht über die Durchführung des Erfassungsverfahrens obliegt der Behörde, die die allgemeine Aufsicht über die einzelne, das Erfassungsverfahren durchführende Behörde ausübt.

§ 3.

Erfassungsmittel.

(1) Erfassungsmittel sind:

a) die Personennachweise (Wehrstammblätter, § 14 und die Geburtskartei, § 26),

b) die dazugehörigen Meldemittel und Anlagen.

(2) Die Personennachweise sind nach Jahrgängen getrennt und in alphabetischer Reihenfolge nach den Anfangsbuchstaben der Familiennamen geordnet zu führen und zu verwahren.

(3) Die ausgefüllten Erfassungsmittel sind Urkunden. Sie sind dem Zugriff und der Einsichtnahme Unberechtigter zu entziehen, unter Verschluß aufzubewahren und bei eintretender Gefahr in Sicherheit zu bringen.

§ 4.

Eintragungen, Verwendung.

(1) Die Erfassungsmittel müssen gewissenhaft und sorgfältig geführt und deutlich beschrieben werden. Die Wahl zwischen deutscher und lateinischer Schrift ist freigestellt. Die Erfassungsmittel können auch mit Hilfe der Schreibmaschine ausgeführt werden.

(2) Eintragungen dürfen nur über amtsbekannte Tatsachen vorgenommen werden. Können einzelne Felder infolge fehlender oder zweifelhafter Unterlagen nicht ausgefüllt werden, so sind sie einstweilen leer zu lassen, keinesfalls aber durch Streichung für eine spätere Ausfüllung unbrauchbar zu machen.

(3) Ist Durchschreibeverfahren angeordnet, muß bei den Eintragungen ein harter, gespitzter Tintenstift (Kopierstift) und eine harte, glatte Schreibunterlage verwendet, beim Schreiben leicht aufgedrückt, das Kohlepapier nach mehrmaligem Gebrauch an den bisher noch unverbrauchten Stellen ausgenutzt und nach 20 bis 25maligem Gebrauch erneuert werden.

(4) Irrtümliche Eintragungen dürfen nicht durch Radierungen beseitigt, sondern nur mit einem geraden, waagerechten Strich durchstrichen werden. Der durchstrichene Wortlaut muß deutlich erkennbar bleiben. Die Berichtigung ist darüber oder darunter einzutragen.

(5) Die Erfassungsmittel dürfen nicht gefaltet, sondern nur in glatter Form oder gerollt in verschlossenen Schutzumschlägen versandt werden. Die Wohnsitzmeldung (§ 21 Abs. 2), die Strafregisteranfrage (§ 26 Abs. 3), die Dienststellenmeldung (§ 30) und das Totenblatt (§ 32 Abs. 1) dürfen zur Versendung einmal gefaltet werden.

§ 5.

Verkehr mit dem Ausland.

(1) Im Erfassungsverfahren ist jeder schriftliche oder sonstige Verkehr mit Personen oder Amtsstellen außerhalb des Deutschen Reiches untersagt.

(2) Zuschriften, die in das Ausland zu senden wären, sind an die „Zentralstelle für das Erfassungswesen beim Reichs- und Preußischen Ministerium des Innern, Berlin NW 40, Am Königsplatz 6"

zu richten. Ebenso ist zu verfahren, wenn Zweifel über die Zugehörigkeit eines Orts (z. B. eines Geburtsorts) zum Deutschen Reich bestehen.

Zweiter Teil.

(§§ 6 und 7 entfallen; vgl. § 11.)

§ 8.

Vorlage der Personalpapiere.

Der Dienstpflichtige soll zur Anmeldung mitbringen:

f) den Nachweis über geleisteten Arbeitsdienst (Arbeitspaß, Arbeitsdienstpaß, Dienstzeitausweis oder Pflichtenheft der Studentenschaft).

§ 9.

Antrag auf Zurückstellung.

Jeder Dienstpflichtige, seine Ehefrau oder seine Eltern haben einen etwa beabsichtigten Antrag auf Zurückstellung von der Ableistung des Reichsarbeitsdienstes und des aktiven Wehrdienstes tunlichst bereits bei der Anmeldung zu stellen. Die Zurückstellung ist schriftlich oder zur Niederschrift bei der polizeilichen Meldebehörde zu beantragen. Im übrigen gelten §§ 20 bis 27 und 42 der Musterungsverordnung [1]) sinngemäß.

[1]) Jetzt VO. vom 21. März 1936, §§ 21—27, 42 (XV, 2).

§ 10.

Arische Abstammung.

Jeder Dienstpflichtige arischer Abstammung hat bei der persönlichen Anmeldung die in § 19 Abs. 3 der Musterungsverordnung vorgeschriebene Erklärung abzugeben. Im übrigen gelten die Bestimmungen des § 19 der genannten Verordnung.[1]) Die Erklärung ist der Wehrstammkarte beizufügen.

[1]) Jetzt VO. vom 21. März 1936, § 19 (XV, 2).

§ 11.

Anmeldung über die freiwillige Ableistung des Reichsarbeitsdienstes oder des aktiven Wehrdienstes.

(1) Jeder Deutsche, der freiwillig in den Reichsarbeitsdienst oder

aktiven Wehrdienst eintreten will, hat sich persönlich unter Vorlage der Personalpapiere nach § 8 zur Anlegung des Wehrstammblatts bei der polizeilichen Meldebehörde anzumelden. Im übrigen gelten für Freiwillige die Bestimmungen dieser Verordnung mit Ausnahme der §§ 6 und 7.

(2) Die polizeiliche Meldebehörde stellt dem Freiwilligen einen Freiwilligenschein nach anliegendem Muster aus, der vom Freiwilligen bei der Meldung dem Truppenteil vorzulegen ist. Der Freiwilligenschein gilt jeweils nur bis zu dem darauf folgenden 31. März. Ein zweiter Freiwilligenschein darf nur nach Rückgabe des ersten Freiwilligenscheins oder nach Ablauf seiner Gültigkeit ausgestellt werden.

(3) Der Freiwilligenschein darf nur ausgestellt werden:

a) für den Eintritt in den Reichsarbeitsdienst, wenn der Freiwillige zum Zeitpunkt seines beabsichtigten Eintritts das 17. Lebensjahr vollendet hat;

b) für den Eintritt in den aktiven Wehrdienst, wenn der Freiwillige zum Zeitpunkt seines beabsichtigten Eintritts das 18. Lebensjahr vollendet hat;

c) bei einem Minderjährigen, wenn eine schriftliche, amtlich beglaubigte Einwilligungserklärung des gesetzlichen Vertreters zum freiwilligen Eintritt in den Reichsarbeitsdienst oder aktiven Wehrdienst vorgelegt wird; sie ist der Wehrstammkarte beizufügen.

(4) Der Freiwilligenschein darf nicht ausgestellt werden:

a) einem bereits gemusterten Wehrpflichtigen; dieser hat bei freiwilliger Meldung den Musterungsausweis vorzulegen;

b) einem Freiwilligen, dessen Wehrunwürdigkeit nach den Unterlagen der polizeilichen Meldebehörde feststeht.

(5) Die polizeiliche Meldebehörde setzt auf die Formblätter 1a—e, der Standesbeamte auf die etwa eingehenden Strafregisterauszüge den blauen Stempelaufdruck „Freiwilliger für den Reichsarbeitsdienst" oder „Freiwilliger für die Wehrmacht". Die Bestimmungen der §§ 19 bis 24 und 31 sind für Freiwillige unverzüglich außer der Reihe, die Bestimmungen der §§ 26 bis 28 auf den Eingang der Wohnsitzmeldung eines Freiwilligen hin auszuführen.

(6) Der Truppenteil oder das Meldeamt für den Reichsarbeitsdienst teilt über das Wehrbezirkskommando auf der Rückseite des Freiwilligenscheins der polizeilichen Meldebehörde die Annahme für den aktiven Wehrdienst oder Reichsarbeitsdienst mit.

§ 12.

Ersatzwesen in der entmilitarisierten Zone.

§ 31 Abs. 1 und 2 der Musterungsverordnung sind anzuwenden.[1])

[1]) Vgl. jetzt VO. vom 21. März 1936, § 33 (XV, 2).

Dritter Teil.

Verfahren der polizeilichen Meldebehörde (§§ 13—25).
(Die Bestimmungen gelangen nicht zum Abdruck.)

Vierter Teil.

Verfahren des Standesamts (§§ 26—33).
(Die Bestimmungen gelangen nicht zum Abdruck.)

XII. Anordnung über die Erfassung und Musterung für den aktiven Wehrdienst und Reichsarbeitsdienst.

Vom 25. November 1935 (RGBl. I S. 1361).

Auf Grund des § 37 Abs. 2 des Wehrgesetzes vom 21. Mai 1935 (RGBl. I S. 609), des Erlasses des Führers und Reichskanzlers vom 22. Mai 1935 über die Übertragung des Verordnungsrechts nach dem Wehrgesetz (RGBl. I S. 615) und des § 26 des Reichsarbeitsdienstgesetzes vom 26. Juni 1935 (RGBl. I S. 769) wird zur Ausführung des § 7 Abs. 1 a des Wehrgesetzes und des § 3 Abs. 3 des Reichsarbeitsdienstgesetzes folgendes angeordnet:

I. Es werden in der Zeit vom 18. November 1935 bis 29. Februar 1936 durch die polizeilichen Meldebehörden erfaßt und im Frühjahr 1936 gemustert:
die wehrpflichtigen Deutschen der Geburtsjahrgänge 1913 und 1916, außerdem in Ostpreußen auch des Geburtsjahrgangs 1911.

II. a) Die Wehrpflichtigen des Geburtsjahrgangs 1913 werden für den Reichsarbeitsdienst nicht mehr herangezogen. Sie haben vom Sommer 1936 an im Verlauf der nächsten Jahre aktiven Wehrdienst nur in zweimonatigen Lehrgängen bei Ergänzungseinheiten zu leisten.

b) Die Wehrpflichtigen des Geburtsjahrgangs 1916 haben in der Zeit vom 1. Oktober 1936 bis 31. März 1937 oder vom 1. April 1937 bis 30. September 1937 Reichsarbeitsdienst und vom 1. Oktober 1937 an aktiven Wehrdienst zu leisten.

c) Die Wehrpflichtigen des Geburtsjahrgangs 1911 in Ostpreußen werden für den Reichsarbeitsdienst nicht mehr herangezogen. Sie haben vom 1. Oktober 1936 an aktiven Wehrdienst zu leisten.

III. Für die wehrpflichtigen Deutschen der unter I genannten Geburtsjahrgänge, die im Ausland ihren Wohnsitz oder dauernden Aufenthalt haben, folgen besondere Bestimmungen.

XIII. Verordnung über die Heranziehung der deutschen Staatsangehörigen im Ausland zum aktiven Wehrdienst und zum Reichsarbeitsdienst.

Vom 31. Januar 1936 (RGBl. I S. 65).

Auf Grund des § 37 des Wehrgesetzes vom 21. Mai 1935 (RGBl. I S. 609), des § 26 des Reichsarbeitsdienstgesetzes vom 26. Juni 1935 (RGBl. I S. 769) und des Erlasses des Führers und Reichskanzlers vom 22. Mai 1935 über die Übertragung des Verordnungsrechts nach dem Wehrgesetz (RGBl. I S. 615) wird folgendes verordnet:

Abschnitt I.
Anmeldepflicht der dienstpflichtigen deutschen Staatsangehörigen im Ausland.

§ 1.
Personenkreis.

(1) Jeder dienstpflichtige deutsche Staatsangehörige, der seinen Wohnsitz oder dauernden Aufenthalt im Ausland hat, hat sich zur Eintragung in das Wehrstammblatt bei dem örtlich zuständigen deutschen Konsulat schriftlich anzumelden (§ 2).

(2) Dienstpflichtige im Sinne dieser Verordnung ist jeder männliche deutsche Staatsangehörige, der einem für die Ableistung der Arbeitsdienstpflicht und der Wehrpflicht aufgerufenen Geburtsjahrgang angehört.

(3) Der Reichsminister gibt alljährlich bekannt, welche Geburtsjahrgänge nach Bestimmung des Reichskriegsministers dienstpflichtig sind.

(4) Der Dienstpflichtige ist auch dann anmeldepflichtig, wenn er neben der deutschen Staatsangehörigkeit eine andere Staatsangehörigkeit besitzt.

§ 2.
Anmeldung

(1) Der Dienstpflichtige hat sich durch Einreichen eines ordnungsmäßig ausgefüllten Anmeldeblattes anzumelden. Die Anmeldepflicht ist erst mit dem Eingang des ausgefüllten Anmeldeblattes beim Konsulat erfüllt. Der Dienstpflichtige hat sich das Anmeldeblatt vom Konsulat oder den sonst hierfür bestimmten Stellen zu beschaffen.

(2) Der Dienstpflichtige hat sich unverzüglich nach Bekanntmachung des dienstpflichtigen Geburtsjahrganges (§ 11 Abs. 1), spätestens bis zum 31. März des laufenden Kalenderjahres und, wenn der Dienstpflichtige erst nach diesem Zeitpunkt aus dem Inland in den Amtsbezirk eines deutschen Konsulats zuzieht, unverzüglich nach dem Zuzug anzumelden. Die Frist für die Anmeldung ist gewahrt, wenn das Anmeldeblatt vor Ablauf der Frist zur Post gegeben worden ist.

(3) Das Konsulat kann das persönliche Erscheinen des Dienstpflichtigen auf dem Konsulat anordnen und die Vorlage von Urkunden verlangen.

(4) Die Kosten, die dem Dienstpflichtigen oder seinen Angehörigen durch die vorstehend bezeichneten Verpflichtungen entstehen, werden nicht erstattet.

§ 3.

Anmeldepflicht bei Veränderungen.

(1) Der Dienstpflichtige hat binnen zwei Wochen dem Konsulat jede Änderung seines Personenstandes oder seiner Anschrift schriftlich zu melden und sich, wenn er seinen Wohnsitz oder dauernden Aufenthalt in den Amtsbezirk eines anderen Konsulats verlegt, auch bei diesem Konsulat anzumelden. § 2 Abs. 2 Satz 2 findet sinngemäße Anwendung.

(2) Der Tod eines Dienstpflichtigen ist von seinen Hinterbliebenen oder Erben deutscher Staatsangehörigkeit unverzüglich dem Konsulat anzuzeigen.

(3) Bei Rückkehr nach Deutschland hat sich der Dienstpflichtige bei dem für seinen Wohnsitz oder dauernden Aufenthalt zuständigen Wehrbezirkskommando persönlich anzumelden. Er unterliegt alsdann den für das Inland vorgesehenen Vorschriften. § 31 der Verordnung über die Musterung und Aushebung 1935 — Musterungsverordnung — vom 29. Mai 1935 (RGBl. I S. 697)[1]) findet Anwendung.

[1]) Jetzt VO. vom 21. März 1936, § 33 (XV, 2).

Abschnitt II.

Freiwillige Ableistung des aktiven Wehrdienstes.

§ 4.

Anmeldung.

(1) Ein deutscher Staatsangehöriger, der seinen Wohnsitz oder dauernden Aufenthalt im Ausland hat, kann sich vom vollendeten 18. bis zum vollendeten 25. Lebensjahr zur freiwilligen Ableistung des aktiven Wehrdienstes anmelden. Der Freiwillige wird vor der Ableistung des aktiven Wehrdienstes zum Reichsarbeitsdienst herangezogen. Angehörige des Geburtsjahrganges 1915 und älterer Geburtsjahrgänge sind von der vorherigen Ableistung des Reichsarbeitsdienstes befreit.

(2) Der Freiwillige hat sich bis zum 31. März des laufenden Kalenderjahres beim Konsulat anzumelden. Die Bestimmungen des § 2 Abs. 1 Satz 1 und 3, Abs. 3 und 4 sind anzuwenden.

(3) Der Freiwillige hat bei der Anmeldung ferner vorzulegen:

a) einen selbstgeschriebenen Lebenslauf; dieser muß mindestens enthalten: Vor- und Zunamen, Geburtstag und -ort, genaue Anschrift, Angaben über Schulbesuch, Beruf und Beschäftigung oder Arbeitslosigkeit, ferner über etwa geleisteten Arbeitsdienst;

b) zwei Paßbilder.

(4) Der Freiwillige kann sich zur Einstellung für einen Wehrmachtteil, eine Waffengattung und einen Standort im Deutschen Reich melden. Ein Anspruch auf eine seinem Antrag entsprechenden Einteilung erwächst ihm dadurch nicht.

§ 5.

Voraussetzung für die Einstellung Freiwilliger.

(1) Voraussetzung für die Einstellung als Freiwilliger ist, daß der Bewerber

a) am Einstellungstage das 18. Lebensjahr vollendet und das 25. Lebensjahr noch nicht überschritten hat; für die Herbsteinstellung gilt als Einstellungstag der 1. Oktober;
b) die deutsche Staatsangehörigkeit (Reichsangehörigkeit) besitzt;
c) wehrwürdig ist;
d) tauglich 1 oder 2 für den Wehrdienst ist;
e) nicht unter Wehrpflichtausnahmen fällt;
f) deutschen oder artverwandten Blutes ist;
g) gerichtlich nicht vorbestraft ist;
h) seine Arbeitsdienstpflicht erfüllt hat oder noch vor der Einstellung erfüllen kann, soweit er nicht nach § 4 Abs. 1 Satz 3 hiervon befreit ist;
i) soweit er minderjährig ist, die schriftliche, amtliche beglaubigte Einwilligungserklärung seines gesetzlichen Vertreters zum freiwilligen Eintritt in den aktiven Wehrdienst vorlegt.

(2) In der Regel darf ein Wehrpflichtiger nicht als Freiwilliger eingestellt werden, der bereits in der Wehrmacht oder Landespolizei mindestens zwei Monate aktiv gedient hat.

(3) Ein deutscher Staatsangehöriger, der bereits in der Wehrmacht eines anderen Staates aktiv gedient hat, kann nur in besonders begründeten Fällen eingestellt werden. Voraussetzung hierfür ist, daß der Freiwillige nachweisbar nicht mehr in einem Wehrpflichtverhältnis zu der Wehrmacht des anderen Staates steht. In diesem Falle ist bei der Übersendung des Anmeldeblattes ein eingehend begründetes Gesuch vorzulegen. Das Konsulat leitet das Gesuch mit eigener Stellungnahme über das Auswärtige Amt an den Reichskriegsminister, der darüber entscheidet.

(4) Erfüllt ein Freiwilliger nicht die bezeichneten Voraussetzungen oder lassen andere Tatsachen seine Ungeeignetheit erkennen, so ist sein Einstellungsgesuch vom Konsul abzulehnen.

Abschnitt III.

Wehrfähigkeit.

§ 6.

Wehrfähigkeit.

(1) Die Vorschriften des § 16 der Musterungsverordnung [1]) sind unbeschadet der Vorschriften des § 19 Abs. 2 der vorliegenden Verordnung anzuwenden.

(2) Die Vorschriften des § 17 Abs. 1 und 5 der Musterungsverordnung [2]) sind sinngemäß anzuwenden. Bestrafungen und Maßnahmen im Sinne des § 17 Abs. 1 a, c und e [2]) sind auch ausländische Bestrafungen und Maßnahmen. Einer inländischen Verurteilung zu Zuchthaus steht eine Verurteilung im Ausland gleich, wenn die ausländische Strafart nach ihrer Stellung, die sie in dem fremden Strafensystem einnimmt, der Zuchthausstrafe entspricht und die geahndete Tat auch nach deutschem Recht mit Zuchthaus zu bestrafen wäre. Dies gilt entsprechend für die Maßnahmen der Sicherung und Besserung. Der Reichskriegsminister kann auf Antrag Ausnahmen zu § 17 Abs. 1 c und e, bei einer Verurteilung im Ausland auch zu Abs. 1 a,[2]) zulassen. Der Antrag ist von dem Dienstpflichtigen bei dem Konsulat einzureichen. Dieses leitet das Gesuch mit einer Stellungnhme über das Auswärtige Amt an den Reichskriegsminister weiter. Die Vorschriften des § 17 Abs. 2 Satz 4, 5 und Abs. 3 [2]) der Musterungsverordnung sind sinngemäß anzuwenden.

(3) Die Vorschriften des § 18 der Musterungsverordnung [3]) sind anzuwenden. Wer unter diese Bestimmungen fällt, hat bei der Anmeldung den Grund anzugeben, der seine Heranziehung ausschließt. Im Falle völliger Untauglichkeit ist dem Anmeldeblatt die Bescheinigung eines zur Untersuchung Wehrpflichtiger bestimmten Arztes (§ 16 Abs. 2 Satz 1) hierüber beizufügen. Das Konsulat kann hiervon Ausnahmen zulassen.

(4) Die Vorschriften des § 19 Abs. 1, 3 und 4 Satz 1 und 2 der Musterungsverordnung [4]) sind sinngemäß anzuwenden.

[1]) Jetzt VO. vom 21. März 1936, § 16 (XV, 2).
[2]) Ebenda § 17.
[3]) Ebenda § 18.
[4]) Ebenda § 19.

§ 7.

Zurückstellungsgründe.

(1) Ein Dienstpflichtiger kann von der Ableistung des Reichsarbeitsdienstes und des aktiven Wehrdienstes im Frieden zurückgestellt werden:

a) wegen zeitlicher Untauglichkeit;
b) wegen schwebenden Verfahrens, dessen Ergebnis von Einfluß auf die Wehrwürdigkeit sein kann;

c) aus besonderen häuslichen, wirtschaftlichen oder beruflichen Gründen.

(2) Die Vorschriften der §§ 23 bis 27 der Musterungsverordnung und des § 7 Abs. 2 Nr. 2 und 3 der Verordnung über die Einberufung zu Übungen der Wehrmacht vom 25. November 1935 (RGBl. I S. 1358) [2]) sind sinngemäß anzuwenden Anträgen auf Zurückstellung wegen zeitlicher Untauglichkeit ist ein ärztliches Zeugnis nach Maßgabe von § 6 Abs. 3 Satz 3 und 4 beizufügen.

(3) Aus wirtschaftlichen Gründen kann ferner zurückgestellt werden, wer seinen Arbeitsplatz nicht ohne Gefahr, ihn zu verlieren, oder nicht mit Aussicht auf spätere Wiedererlangung eine Arbeitsmöglichkeit an seinem bisherigen Wohnsitz oder Aufenthaltsort auf längere Zeit verlassen kann.

(4) Der Konsul stellt ferner zurück:

a) überzählige Dienstpflichtige;

b) Dienstpflichtige, über deren Wehrdienstverhältnis im Sinne des § 48 Abs. 1 c bis f der Musterungsverordnung durch das Wehrbezirkskommando Berlin VI nach § 23 dieser Verordnung zu entscheiden ist;

c) bedingt taugliche Dienstpflichtige.

(5) Ein Dienstpflichtiger, der auch dem Staate seines Wohnsitzes angehört, dort der Wehrpflicht unterliegt und ihr noch nicht genügt hat, kann im Frieden von der Ableistung des deutschen aktiven Wehrdienstes zurückgestellt werden, wenn besondere Gründe für die Zurückstellung vorliegen Gewährt der andere Staat in derartigen Fällen die Gegenseitigkeit, so ist der Dienstpflichtige im Frieden zurückzustellen.

1) Jetzt VO vom 21. März 1936, §§ 23—27 (XV, 2).

2) Vgl. XII.

§ 8.

Antrag auf Zurückstellung.

(1) Der Dienstpflichtige. seine Ehefrau oder seine Eltern haben einen etwa beabsichtigten Antrag auf Zurückstellung tunlichst gleichzeitig mit der Anmeldung schriftlich bei dem Konsulat zu stellen und eingehend zu begründen Treten die Gründe für die Zurückstellung erst später ein, so kann der Antrag nachträglich gestellt werden.

(2) Der Dienstpflichtige hat auf Verlangen des Konsulats Behauptungen über seine Person durch Vorlage von Urkunden, Personalpapieren, Ausweisen usw. oder durch Namhaftmachung von Zeugen zu erhärten oder auf andere Weise glaubhaft zu machen. Die Urkunden müssen in Urschrift oder in beglaubigter Abschrift vorgelegt werden.

§ 9.

Entscheidung über die Zurückstellung.

(1) Der Konsul entscheidet über die Zurückstellung und erteilt dem Dienstpflichtigen eine Bescheinigung über den Entscheid.

(2) Der Konsul kann den Dienstpflichtigen in der Regel auf zwei Jahre, in Ausnahmefällen bis auf fünf Jahre zurückstellen. Die Vorschriften des § 21 Abs. 2, 4 und 7 der Musterungsverordnung[1]) sind anzuwenden. Fällt der Grund der Zurückstellung innerhalb der Zurückstellungsfrist fort, so hat der Dienstpflichtige dies dem Konsulat unverzüglich mitzuteilen.

(3) Vor Ablauf der Zurückstellungsfrist sendet das Konsulat die Personennachweise des zurückgestellten Dienstpflichtigen nach § 14 Abs. 2 ein, damit über die Heranziehung des Dienstpflichtigen zum Reichsarbeitsdienst und zum aktiven Wehrdienst sowie über sein weiteres Wehrdienstverhältnis entschieden wird (§ 23). Das Konsulat fügt seine Stellungnahme bei.

[1]) Jetzt VO. vom 21. März 1936, § 21 (XV, 2).

Abschnitt IV.

Erfassungsverfahren.

§ 10.

Zuständigkeit.

(1) Das Erfassungswesen für die deutschen Staatsangehörigen im Ausland wird im Inland von dem Wehrbezirkskommando Berlin VI (Auslandsabteilung), Berlin W 35, Woyrschstraße 11, und dem Polizeipräsidenten in Berlin, Erfassungsstelle Ausland, Berlin NW 7, Karlstraße 34/35, durchgeführt. Die Aufsicht über die Erfassungsstelle Ausland führt die Zentralstelle für das Erfassungswesen beim Reichs- und Preußischen Ministerium des Innern, Berlin NW 40, Am Königsplatz 6.

(2) Das Erfassungswesen wird im Ausland von den deutschen Konsulaten durchgeführt (vgl. anliegendes Verzeichnis der deutschen diplomatischen und berufskonsularischen Vertretungen).[1])

(3) Konsul und Konsulat im Sinne dieser Verordnung sind lediglich der Berufskonsul und das Berufskonsulat. Jedoch kann die Anmeldung nach den Vorschriften der §§ 1 bis 4 auch von einem Wahlkonsulat entgegengenommen werden. Sie ist von diesem nach Prüfung ihrer Richtigkeit und Vollständigkeit dem übergeordneten Berufskonsulat zwecks weiterer Bearbeitung zuzuleiten. Der Reichsminister des Auswärtigen kann auch Wahlkonsulate mit der Führung der Wehrstammblätter beauftragen.

[1]) Die Anlage gelangt nicht zum Abdruck.

§ 11.

Erfassung durch das Konsulat.

(1) Das Konsulat macht die Anmeldepflicht und die nach § 1 Abs. 2 und 3 aufgerufenen Geburtsjahrgänge in geeigneter Weise amtlich bekannt und veranlaßt außerdem das Geeignete, um alle Dienstpflichtigen, die sich in seinem Amtsbezirk aufhalten, zu erfassen.

(2) Als Grundlage für das Ersatzwesen werden von den Konsulaten namentliche Personennachweise über die Dienstpflichtigen angelegt und laufend geführt (Erfassungsverfahren). Erfassungsmittel sind:

a) die Personennachweise (Wehramtsblätter);

b) die dazugehörigen Meldemittel und Anlagen.

Die Vorschriften des § 3 Abs. 2, 3 und des § 4 Abs 1 bis 5 Satz 1 der Verordnung über das Erfassungswesen — Erfassungsverordnung — vom 7. November 1935 (RGBl. I S. 1297)[1]) sind anzuwenden.

(3) Das Konsulat legt an Hand der Anmeldeblätter für jeden Dienstpflichtigen, der in seinem Bezirk Wohnsitz oder dauernden Aufenthalt hat, ein Wehrstammblatt an. Dies kann jedoch vorläufig für die Dienstpflichtigen unterbleiben, die zurückgestellt worden sind.

(4) Für Freiwillige gelten Abs. 3 und die nachstehenden Vorschriften sinngemäß.

[1]) Vgl. XI.

§ 12.

Anlegung des Wehrstammblattes.

(1) Das Wehrstammblatt (Formblatt 1a bis e) ist nach Maßgabe der §§ 14 bis 16 der Erfassungsverordnung anzulegen.

(2) Wenn sich Zweifel an der deutschen Staatsangehörigkeit des Dienstpflichtigen (Feld 5d des Formblattes 1a) ergeben, so sind diese möglichst aufzuklären. Der Dienstpflichtige kann jedoch vorläufig in das Wehrstammblatt eingetragen werden. Soweit Zweifel an der deutschen Staatsangehörigkeit nicht vorliegen, ist von einer besonderen Nachprüfung abzusehen. Die deutsche Staatsangehörigkeit kann jedoch durch die Eintragung in das Wehrstammblatt nicht nachgewiesen werden.

(3) In Feld 16 des Wehrstammblattes ist der Stempel des Konsulats zu setzen. Feld 17 auf der Rückseite des Formblattes 1d (Wohnsitzmeldung) bleibt leer.

(4) Nach Anlegung des Wehrstammblattes zerlegt das Konsulat durch Scherenschnitt entlang der an der linken oberen und unteren Ecke punktierten Linie den Wehrstammblattsatz in die Formblätter 1a, 1b, 1c, bis 1e. Das grüne Wehrstammblatt (Formblatt 1a) verbleibt bei dem Konsulat. Es ist nach den Vorschriften des § 15 weiterzuführen und mit dem dazugehörenden Anmeldeblatt unter Beachtung der Vorschriften des § 3 Abs. 2 der Erfassungsverordnung in Ordnern aufzubewahren.

§ 13.

Konsulatsbericht.

Auf dem Formblatt 1c und der linken Hauptspalte des Formblatts 1d (Wohnsitzmeldung) erstattet das Konsulat den Konsulatsbericht. Im übrigen ist § 20 der Erfassungsverordnung sinngemäß anzuwenden.

§ 14.

Verwahrung und Übersendung der Formblätter.

(1) Nach Ausfertigung des Konsulatsberichts ist Formblatt 1c von Formblatt 1d durch Abreißen zu trennen; Formblatt 1e ist in die Tasche auf der Rückseite der weißen Wehrstammkarte (Formblatt 1e) zu stecken. Die Formblätter 1b bis e sind zunächst vom Konsulat unter Beachtung des § 3 Abs. 2 der Erfassungsverordnung in Ordnern bis zur Durchführung der ärztlichen Untersuchung aufzubewahren.

(2) Nach Durchführung der ärztlichen Untersuchung hat das Konsulat bis zum 5. Mai jedes Jahres die Formblätter 1b bis e der „Zentralstelle für das Erfassungswesen beim Reichs- und Preußischen Ministerium des Innern, Berlin NW 40, Am Königsplatz 6", zu übersenden. Diese leitet die Formblätter 1b und 1d dem Polizeipräsidenten in Berlin, Erfassungsstelle Ausland, und das Formblatt 1e mit dem Formblatt 1c dem Wehrbezirkskommando Berlin VI (Auslandsabteilung) zu. Das Formblatt 1d ist, soweit erforderlich, vom Polizeipräsidenten in Berlin dem Standesbeamten des Geburtsortes zu übersenden.

§ 15.

Weiteres Verfahren.

(1) Meldet sich ein Dienstpflichtiger, für den ein Wehrstammblatt angelegt worden ist, bei dem Konsulat wegen Zuzugs an oder wegen Wegzugs ab oder wird dem Konsulat der Tod eines Dienstpflichtigen bekannt, so ist dies vom Konsulat dem Polizeipräsidenten in Berlin, Erfassungsstelle Ausland, mitzuteilen, der das Wehrbezirkskommando Berlin VI (Auslandsabteilung) in Kenntnis setzt. Der Wegzug oder Tod ist in Feld **M** des Wehrstammblattes auf der linken Hauptspalte der Formblätter 1a, 1b und 1e zu vermerken.

(2) Das Konsulat des Zuzugsortes fordert von dem bisher zuständigen Konsulat oder, wenn der Dienstpflichtige aus Deutschland zugezogen ist, von der bisher zuständigen polizeilichen Meldebehörde das dort befindliche Wehrstammblatt des Dienstpflichtigen an; die bisher zuständige Behörde überweist den Dienstpflichtigen dem nunmehr zuständigen Konsulat durch Übersendung seines Wehrstammblattes. Das Wehrstammblatt eines Dienstpflichtigen, dessen Tod dienstlich bekannt ist, ist zu vernichten.

(3) Für die Beendigung des weiteren Verfahrens gilt § 25 der Erfassungsverordnung sinngemäß.

Abschnitt V.
Ärztliche Untersuchung.

§ 16.
Ärztliche Untersuchung.

(1) Durch die ärztliche Untersuchung ist festzustellen, welche Dienstpflichtigen wehrfähig sind Der Konsul bereitet die ärztliche Untersuchung vor und leitet sie.

(2) Der Konsul bestimmt den untersuchenden Arzt. Er kann außerdem geeignete Personen deutscher Staatsangehörigkeit auffordern, der ärztlichen Untersuchung beizuwohnen.

(3) Dienstpflichtige, die nahe der deutschen Grenze wohnen, können in deutschen Grenzorten gemustert werden. Das Konsulat setzt sich hierzu mit der nächstgelegenen Wehrersatzinspektion in Verbindung. § 31 der Musterungsverordnung findet Anwendung.

§ 17.
Gestellungspflicht.

(1) Das Konsulat fordert die Dienstpflichtigen, die nicht zurückgestellt worden sind, sowie die für die ärztliche Untersuchung in Frage kommenden Freiwilligen unter Angabe des Zeitpunktes und des Ortes zur Gestellung für die ärztliche Untersuchung auf. Der Dienstpflichtige hat der Aufforderung Folge zu leisten. Ein Dienstpflichtiger, der durch Krankheit an der Gestellung verhindert ist, hat dies durch ein ärztliches Zeugnis nach Maßgabe des § 6 Abs. 3 Satz 3 und 4 nachzuweisen.

(2) Der Dienstpflichtige soll zur ärztlichen Untersuchung die im § 8 der Erfassungsverordnung angeführten und die entsprechenden ausländischen Personalpapiere mitbringen. Brillenträger sollen das Brillenrezept vorlegen. § 2 Abs. 4 findet sinngemäße Anwendung.

§ 18.
Durchführung der ärztlichen Untersuchung

(1) Die ärztliche Untersuchung umfaßt folgende Maßnahmen:

a) Aufruf und Vorstellung der Dienstpflichtigen;
b) Feststellung und Ergänzung der Personalangaben unter Prüfung der Personalpapiere;
c) Prüfung und Feststellung der Wehrwürdigkeit;
d) Prüfung und Feststellung des Vorliegens von Wehrpflichtausnahmen;
e) Untersuchung auf Wehrtauglichkeit;
f) Entscheid.

(2) Der Arzt nimmt die Untersuchung nach der „Anleitung zur Untersuchung Wehrpflichtiger und Freiwilliger für die Wehrmacht" (H. Dv. 252) vor und bestimmt den Grad der Tauglichkeit.

(3) Die Vorschriften des § 47 Abs. 3 bis 8 der Musterungsverordnung[1]) sind sinngemäß anzuwenden.

[1]) Jetzt VO. vom 21 März 1936, § 47 (XV, 2).

§ 19.
Entscheid.

(1) Der Konsul entscheidet nach dem Ergebnis der allgemeinen Prüfung und der ärztlichen Untersuchung unter sinngemäßer Anwendung der Vorschriften des § 48 Abs. 1 a und b der Musterungsverordnung.

(2) Auf Wehrfähigkeit ist nur zu entscheiden, wenn das ärztliche Urteil auf „Tauglich 1" oder „Tauglich 2" lautet.

(3) Der Konsul erteilt dem Wehrpflichtigen über den Entscheid eine Bescheinigung.

§ 20.
Außerordentliche ärztliche Untersuchung.

(1) Eine außerordentliche ärztliche Untersuchung kann stattfinden:

a) für Dienstpflichtige und Freiwillige, die in den Amtsbezirk des Konsulats neu zuziehen und noch nicht ärztlich untersucht sind;

b) für Dienstpflichtige, die sich zur ordentlichen Untersuchung nicht gestellt hatten;

c) bei unvorhergesehenem Ersatzbedarf.

(2) Für die außerordentliche ärztliche Untersuchung gelten die Bestimmungen der ordentlichen ärztlichen Untersuchung.

§ 21.
Beschwerde.

Gegen die Entscheidungen des Konsuls mit Ausnahme derjenigen, die sich auf die Tauglichkeit beziehen, kann der Dienstpflichtige schriftlich Beschwerde einlegen, die an das Konsulat zu richten ist. Das Konsulat leitet sie, sofern es ihr nicht abhilft, mit eigener Stellungnahme über das Auswärtige Amt dem Polizeipräsidenten in Berlin, Erfassungsstelle Ausland, Berlin NW 7, Karlstraße 34/35, zu. Dieser entscheidet im Einvernehmen mit dem Wehrbezirkskommandeur Berlin VI endgültig.

§ 22.
Aushebung.

(1) Die Aushebung aus der Zahl der wehrfähigen Dienstpflichtigen für den aktiven Wehrdienst nimmt im Einvernehmen mit dem Polizeipräsidenten in Berlin, Erfassungsstelle Ausland, der Wehrbezirkkommandeur Berlin VI in Berlin vor, der den Dienstpflichtigen und Freiwilligen, die zum aktiven Wehrdienst herangezogen werden, über das Konsulat einen Gestellungsbefehl übersendet.

(2) Das gleiche gilt für die Aushebung zum Reichsarbeitsdienst,

die vom Meldeamt für den Reichsarbeitsdienst Berlin VI im Einvernehmen mit dem Polizeipräsidenten in Berlin, Erfassungsstelle Ausland, vorgenommen wird.

§ 23.
Entscheid über das weitere Wehrdienstverhältnis.

(1) Für diejenigen Dienstpflichtigen, die nicht zum aktiven Wehrdienst und zum Reichsarbeitsdienst herangezogen werden (§ 7 Abs. 3, § 9 Abs. 3 und § 22), bestimmt der Wehrbezirkskommandeur Berlin VI das weitere Wehrdienstverhältnis und stellt diesen Dienstpflichtigen einen schriftlichen Bescheid über das Konsulat zu.

(2) § 51 Abs. 1 bis 3 der Musterungsverordnung[1]) findet sinngemäß Anwendung. An die Stelle der Kreispolizeibehörde tritt das Konsulat. Als Wehrersatzinspekteur ist der Wehrersatzinspekteur Berlin, als höhere Verwaltungsbehörde der Polizeipräsident in Berlin zuständig.

[1]) Jetzt VO. vom 21. März 1936, § 51 (XV, 2).

Abschnitt VI.
Strafbestimmungen.

§ 24.

(1) Wer seiner Anmeldung- oder Gestellungspflicht nicht oder nicht pünktlich nachkommt oder den Vorschriften dieser Verordnung oder den Anordnungen des Konsulats sonst zuwiderhandelt, wird, wenn keine höhere Strafe verwirkt ist, mit Geldstrafe bis zu 150 Reichsmark oder mit Haft bestraft. Einem straffälligen Dienstpflichtigen kann auch der Schutz des Reichs versagt werden. Ist die Handlung oder Unterlassung durch Umstände herbeigeführt, deren Beseitigung nicht in dem Vermögen des Dienstpflichtigen lag, so tritt Straflosigkeit ein.

(2) Das Konsulat hat gegebenenfalls Anzeige nach den §§ 140, 142 und 143 des Reichsstrafgesetzbuchs[1]) zu erstatten.

[1]) Vgl. XVI, 3.

XIV. Anordnung über die Erfassung der deutschen Staatsangehörigen im Ausland für den aktiven Wehrdienst und Reichsarbeitsdienst im Jahre 1936.

Vom 6. März 1936 (RGBl. I S. 132).

Auf Grund des § 37 Abs. 2 des Wehrgesetzes vom 21. Mai 1935 (RGBl. I S. 609), des Erlasses des Führers und Reichskanzlers vom 22. Mai 1935 (RGBl. I S. 615), über die Übertragung des Verordnungsrechts nach dem Wehrgesetz, des § 26 des Reichsarbeitsdienstgesetzes vom 26. Juni 1935 (RGBl. I S. 769) und des § 1 Abs. 3 der Verordnung über die Heranziehung der deutschen Staatsangehörigen im Ausland zum aktiven Wehrdienst und Reichsarbeitsdienst vom 31. Januar 1936 (RGBl. I S. 65) wird zur Durchführung des § 17 Abs. 1 des Wehrgesetzes und des § 1 Abs. 2 des Reichsarbeitsdienstgesetzes folgendes angeordnet:

I. Es werden im Frühjahr 1936 durch die deutschen Konsularbehörden erfaßt:
die wehrpflichtigen deutschen Staatsangehörigen im Ausland, die den Geburtsjahrgängen 1914, 1915 und 1916 angehören.

II. a) Die Wehrpflichtigen der Geburtsjahrgänge 1914 und 1915 werden zum Reichsarbeitsdienst nicht mehr herangezogen. Sie können vom 1. Oktober 1936 ab zum aktiven Wehrdienst herangezogen werden.

b) Die Wehrpflichtigen des Geburtsjahrganges 1916 können vom 1. April 1937 bis 30. September 1937 zum Reichsarbeitsdienst und vom 1. Oktober 1937 ab zum aktiven Wehrdienst herangezogen werden.

III. (1) Zur freiwilligen Erfüllung der aktiven Dienstpflicht in der Wehrmacht können zum 1. Oktober 1936 auch Wehrpflichtige der Geburtsjahrgänge 1911 bis 1915, zum 1. Oktober 1937 Wehrpflichtige der Geburtsjahrgänge 1912 bis 1919 in die Wehrmacht eingestellt werden.

(2) Die Freiwilligen der Geburtsjahrgänge 1916 bis 1919 haben vom 1. April 1937 bis zum 30. September 1937, soweit sie Führeranwärter für den Reichsarbeitsdienst sind, vom 1. Oktober 1936 bis 30. September 1937 Reichsarbeitsdienst zu leisten. Freiwillige der Geburtsjahrgänge 1912 und 1913 können vom 1. April 1937 bis 30. September 1937, soweit sie Führeranwärter für den Reichsarbeitsdienst sind, vom 1. Oktober 1936 bis 30. September 1937 Reichsarbeitsdienst leisten. Der Geburtsjahrgang 1911 und ältere Geburtsjahrgänge werden in den Reichsarbeitsdienst nicht mehr eingestellt.

XV. (Anhang.) Aus den Wehrbestimmungen.

1. Aus dem Wehrgesetz.

Vom 21. Mai 1935 (RGBl. I S. 609).

Aktive Dienstpflicht.

§ 8.

(3) Die Erfüllung der Arbeitsdienstpflicht ist eine Voraussetzung für den aktiven Wehrdienst. Ausnahmen werden durch Sonderbestimmungen geregelt.

§ 15.

(1) Arische Abstammung ist eine Voraussetzung für den aktiven Wehrdienst.

(2) Ob und in welchem Umfange Ausnahmen zugelassen werden können, bestimmt ein Prüfungsausschuß nach Richtlinien, die der Reichsminister des Innern im Einvernehmen mit dem Reichskriegsminister aufstellt.

(3) Nur Personen arischer Abstammung können Vorgesetzte in der Wehrmacht werden.

(4) Den Angehörigen arischer Abstammung der Wehrmacht und des Beurlaubtenstandes ist das Eingehen der Ehe mit Personen nichtarischer Abstammung verboten. Zuwiderhandlungen haben den Verlust jedes gehobenen militärischen Dienstgrades zur Folge.

(5) Die Dienstleistung der Nichtarier im Kriege bleibt besonderer Regelung vorbehalten.

2. Verordnung über die Musterung und Aushebung.

Vom 21. März 1936 (RGBl. I S. 203).

§ 1.

Umfang der Dienstpflicht.

(1) Der Reichskriegsminister bestimmt jährlich im Einvernehmen mit dem Reichsminister des Innern, welche wehrpflichtigen Geburtsjahrgänge zur Erfüllung der aktiven Dienstpflicht herangezogen werden, vorher die Arbeitsdienstpflicht zu erfüllen haben und deshalb der Erfassung, Musterung und Aushebung unterliegen.

(2) Die Wehrpflichtigen der nach Abs. 1 bestimmten Geburtsjahrgänge heißen im Sinne dieser Verordnung Dienstpflichtige (vgl. § 1 Abs. 2 der Verordnung über das Erfassungswesen — Erfassungsverordnung — in der Neufassung der Bekanntmachung vom 7. November 1935, RGBl. I S. 1297).

(3) Der Dienstpflichtige ist unbeschadet der in der Erfassungsverordnung festgesetzten Pflichten verpflichtet,

a) sich zur Musterung und Aushebung zu stellen (§ 2),

b) jedem Einberufungsbefehl zum aktiven Wehrdienst Folge zu leisten.

(4) Die Dienstpflicht im Sinne dieses Abschnittes beginnt mit der Bekanntmachung der Anmeldeaufforderung nach § 7 der Erfassungsverordnung. Sie endet mit der endgültigen Entscheidung über die Heranziehung des Dienstpflichtigen zum aktiven Wehrdienst (§ 25 Abs. 2 der Erfassungsverordnung).

§ 2.

Gestellungspflicht zur Musterung und Aushebung.

(1) Der Dienstpflichtige hat sich entsprechend der durch die Kreispolizeibehörde erlassenen öffentlichen Bekanntmachung zur Musterung und Aushebung zu stellen.

(2) Von den Verpflichtungen nach § 1 Abs. 3 sind die Dienstpflichtigen befreit, die bei Beginn der Dienstpflicht in der Wehrmacht, in der Landespolizei oder in der SS.-Verfügungstruppe aktiv dienen.

(3) Die Dienstpflichtigen, die während der Aushebung Arbeitsdienst leisten, sind von der Verpflichtung, sich zur Aushebung zu stellen, befreit, wenn sie den Annahmeschein als Freiwilliger der Wehrmacht besitzen. Dienstpflichtige Reichsarbeitsdienstangehörige, die in Reichsarbeitsdienstunterkünften untergebracht sind, werden zur Musterung und Aushebung durch die Meldeämter des Reichsarbeitsdienstes herangeführt.

§ 3.

Örtliche Zuständigkeit.

(1) Für die örtliche Zuständigkeit gelten die Bestimmungen des § 13 der Erfassungsverordnung.

(2) Bis zur endgültigen Regelung der Verhandlung des Reichsarbeitsdienstes im polizeilichen Meldewesen und im Erfassungswesen sind für Dienstpflichtige im Reichsarbeitsdienst während der Dauer ihrer Unterbringung in Reichsarbeitsdienstunterkünften die Meldeämter des Reichsarbeitsdienstes zuständig.

§ 4.

Wohnsitzwechsel.

(1) Ein Dienstpflichtiger, der in der Zeit zwischen der Erfassung und der endgültigen Entscheidung über die Heranziehung zum aktiven Wehrdienst seinen Wohnsitz oder dauernden Aufenthalt wechselt, muß dies zur Berichtigung des Wehrstammblattes bei der polizeilichen Meldebehörde des Wegzugs- und des Zuzugsortes, nach der Musterung auch dem zuständigen Wehrmeldeamt innerhalb einer Woche persönlich oder schriftlich melden.

(3) Dienstpflichtige, die Reichsarbeitsdienst leisten und in Reichsarbeitsdienstunterkünften untergebracht sind, sind bei dienstlichen Veränderungen ihrer Aufenthaltsorte von den persönlichen Meldepflichten nach Abs. 1 entbunden.

§ 8.

Strafvorschriften und Zwangsmaßnahmen.

(1) Ein Dienstpflichtiger, der seiner Gestellungspflicht nicht oder nicht pünktlich nachkommt, oder den Vorschriften dieser Verordnung sonst zuwiderhandelt, wird, wenn keine höhere Strafe verwirkt ist, mit Geldstrafe bis zu 150 Reichsmark oder mit Haft bestraft. Ist die Handlung oder Unterlassung durch Umstände herbeigeführt, deren Beseitigung nicht in der Macht des Dienstpflichtigen lag, so tritt Straflosigkeit ein.

(2) Ein Dienstpflichtiger, der seinen ihm nach dieser Verordnung obliegenden Pflichten nicht rechtzeitig nachkommt, kann durch die Kreispolizeibehörde mit polizeilichen Zwangsmaßnahmen zur sofortigen Gestellung angehalten werden.

(3) Die Kreispolizeibehörde oder das Wehrbezirkskommando haben gegebenenfalls Anzeige nach §§ 140, 142, 143 des Reichsstrafgesetzbuchs zu erstatten.

(4) Nichtbefolgung des Gestellungsbefehls nach § 1 Abs. 3 b wird durch den Wehrbezirkskommandeur bestraft, sofern nicht gerichtliche Bestrafung eintreten muß.

§ 16.

Wehrfähigkeit.

Wehrfähig ist der Dienstpflichtige, der
a) wehrwürdig ist (§ 17),
b) zum aktiven Wehrdienst herangezogen werden kann (§ 20),
c) tauglich (tauglich 1, tauglich 2 oder bedingt tauglich) ist (§ 47),
d) nicht unter die Wehrpflichtausnahmen fällt (§ 18),
e) nicht zurückzustellen ist (§§ 21 bis 27).

§ 17.

Wehrwürdigkeit.

(1) Wehrunwürdig und damit ausgeschlossen von der Erfüllung der Wehrpflicht ist, wer
a) mit Zuchthaus bestraft ist,
b) nicht im Besitz der bürgerlichen Ehrenrechte ist,
c) den Maßregeln der Sicherung und Besserung nach § 42 a des Reichsstrafgesetzbuchs unterworfen ist,
d) durch militärgerichtliches Urteil die Wehrwürdigkeit verloren hat,
e) wegen staatsfeindlicher Betätigung gerichtlich bestraft ist.

(2) Der Reichskriegsminister kann auf Antrag Ausnahmen von den Vorschriften des Abs. 1 c und e zulassen. Das Gesuch ist von dem Dienstpflichtigen bei der Kreispolizeibehörde einzureichen. Die Kreispolizeibehörde leitet das Gesuch mit einer eigenen Stellungnahme sowie einer Stellungnahme der Kreisleitung der NSDAP. an den Wehrbezirkskommandeur, der es mit seiner Stellungnahme auf dem Dienstwege weitergibt. Bis zur Entscheidung des Gesuchs gelten die Vorschriften des § 22 Abs. 5 sinngemäß.

(3) Liegt eine gerichtliche Bestrafung wegen staatsfeindlicher Betätigung (Abs. 1 e) vor, die eine Ausnahme nach Abs. 2 rechtfertigt, und reicht der Dienstpflichtige selbst kein Gesuch nach Abs. 2 Satz 2 ein, so kann der Wehrbezirkskommandeur im Einvernehmen mit der Kreispolizeibehörde die Zulassung einer Ausnahme beantragen. Abs. 2 Sätze 3 und 4 gelten sinngemäß.

(4) Ein Dienstpflichtiger, der den Maßregeln nach Abs. 1 c auf Zeit unterworfen ist oder dem die Fähigkeit zum Bekleiden öffentlicher Ämter nach Abs. 1 b auf Zeit aberkannt ist, ist als zeitlich wehrunwürdig von der Erfüllung der Wehrpflicht zeitlich auszuschließen. Nach Wiedererlangung der Wehrwürdigkeit ist über sein Wehrdienstverhältnis zu entscheiden. Hat er zu diesem Zeitpunkt das 27. Lebensjahr überschritten, ist er zum aktiven Wehrdienst nicht mehr heranzuziehen.

§ 18.

Wehrpflichtausnahmen.

(1) Völlig untaugliche Dienstpflichtige werden ausgemustert und scheiden aus dem Wehrpflichtverhältnis aus.

(2) Dienstpflichtige römisch-katholischen Bekenntnisses, die die Subdiakonatsweihe erhalten haben, werden zum aktiven Wehrdienst nicht herangezogen.

§ 19.

Arische Abstammung.

(1) Für Dienstpflichtige nichtarischer Abstammung gilt die Verordnung über die Zulassung von Nichtariern zum aktiven Wehrdienst vom 25. Juli 1935 (RGBl. I S. 1047).

(2) Daß der Dienstpflichtige arischer Abstammung ist, kann angenommen werden, wenn er bei der Erfassung (vgl. § 10 der Erfassungsverordnung) folgende Erklärung abgibt:

„Erklärung.

Mir sind nach sorgfältiger Prüfung keine Umstände bekannt, die die Ausnahme rechtfertigen könnten, daß ich nichtarischer Abstammung bin oder daß einer meiner Eltern- oder Großelternteile zu irgendeiner Zeit der jüdischen Religion angehört hat.

Mir ist bekannt, daß ich die sofortige Entlassung aus dem aktiven Wehrdienst zu gewärtigen habe, falls diese Erklärung sich als unrichtig erweisen sollte."

(3) Wird eine solche Erklärung nicht abgegeben, so hat der für wehrfähig befundene Dienstpflichtige den Abstammungsnachweis binnen einer Frist von einem Monat durch Vorlage der Heirats- oder Geburtsurkunden der Eltern, in Zweifelsfällen auch derjenigen der Großeltern zu führen. Das gleiche gilt, wenn gegen den Inhalt der Erklärung Bedenken bestehen. Der Dienstpflichtige kann, bis der Abstammungsnachweis erbracht ist, zum aktiven Wehrdienst herangezogen werden. Die Kreispolizeibehörde kann von Amts wegen Ermittlungen über seine Abstammung anstellen bzw. ein Gutachten der Reichsstelle für Sippenforschung, Berlin NW 7, Schiffbauerdamm 26, einholen.

§ 21.

Zurückstellungsgründe.

(1) Ein Dienstpflichtiger ist von der Erfüllung der aktiven Dienstpflicht im Frieden und der Arbeitsdienstpflicht zurückzustellen

a) wegen zeitlicher Untauglichkeit (§ 23),

b) wegen schwebenden Verfahrens (§ 24).

(2) Er kann auch aus besonderen häuslichen, wirtschaftlichen oder beruflichen Gründen (§§ 25 bis 27) zurückgestellt werden.

§ 22.

Dauer der Zurückstellung.

(1) Die Höchstdauer der Zurückstellung beträgt im allgemeinen

zwei Jahre. Im Falle des § 25 Nrn. 8 und 9 kann der Dienstpflichtige jedoch bis zu insgesamt sechs Jahren, im Falle des § 25 Nr. 10 bis zu insgesamt sieben Jahren zurückgestellt werden. Die Zurückstellung wird in der Regel nur für die Dauer eines Jahres bis zur Musterung im nächsten Jahr ausgesprochen und bei Fortbestehen des Zurückstellungsgrundes von Jahr zu Jahr verlängert. Wird der Dienstpflichtige ausnahmsweise auf zwei Jahre zurückgestellt, so ist er damit von der Gestellung zur Musterung im nächstfolgenden Jahre befreit. Fällt der Zurückstellungsgrund innerhalb der Zurückstellungsfrist weg, so ist der Zurückgestellte verpflichtet, sich erneut zur nächsten Musterung zu stellen.

(2) Spätestens bei der auf den Ablauf der letzten Zurückstellungsfrist folgenden Musterung muß über die Heranziehung des Dienstpflichtigen zum aktiven Wehrdienst und zum Reichsarbeitsdienst oder über sein weiteres Wehrdienstverhältnis entschieden werden.

(3) Der Reichskriegsminister kann im Einvernehmen mit dem Reichsminister des Innern auf Grund besonderer, in dieser Verordnung nicht ausdrücklich vorgesehener Verhältnisse ausnahmsweise die Zurückstellung einzelner Dienstpflichtiger verfügen und die Zurückstellung auch über die sonst zulässigen Fristen hinaus genehmigen. Sie können diese Befugnis nachgeordneten Dienststellen oder Behörden übertragen.

(4) Eine Zurückstellung ganzer Berufsgruppen findet nicht statt.

(5) Die Zurückgestellten bleiben so lange Dienstpflichtige im Sinne des § 1, bis über ihre Heranziehung zum aktiven Wehrdienst und zum Reichsarbeitsdienst endgültig entschieden ist. Die Kreispolizeibehörde zieht sie in dem Kalenderjahr, in dem die Zurückstellungsfrist abläuft oder der Zurückstellungsgrund wegfällt, erneut zur Musterung heran. Ihre Wehrstammblätter sind bis zur endgültigen Entscheidung nach Satz 1 fortzuführen. Das gleiche gilt für die Behandlung der Wehrstammkarten durch das Wehrbezirkskommando.

(6) Die Zurückstellungen verlieren mit der Erklärung der Mobilmachung ihre Gültigkeit.

§ 23.

Zurückstellung wegen zeitlicher Untauglichkeit.

Zeitlich untauglich ist der Dienstpflichtige, der in seiner körperlichen Entwicklung stark zurückgeblieben oder infolge überstandener Krankheiten noch nicht wieder im Vollbesitz seiner Leistungsfähigkeit ist oder zur Zeit der Untersuchung an heilbaren Krankheiten oder zu beseitigenden Fehlern leidet, deren Heilung oder Beseitigung bis zur Einberufung aber noch nicht mit Sicherheit erwartet werden kann.

§ 24.

Zurückstellung wegen schwebenden Verfahrens.

(1) Ein Dienstpflichtiger, gegen den ein Verfahren wegen einer

Handlung eingeleitet ist, die mit einer die Wehrwürdigkeit bedingenden Strafe bedroht ist, muß bis zur Beendigung der Untersuchung zurückgestellt werden.

(2) Ein Dienstpflichtiger, gegen den ein Verfahren wegen strafbarer Handlungen eingeleitet ist, für die eine Freiheitsstrafe von mehr als 30 Tagen oder eine entsprechende Geldstrafe zu erwarten steht, ist bis zur Beendigung der Untersuchung von Amts wegen zurückzustellen.

(3) Vor dem Vollzug oder dem Erlaß einer im Abs. 2 genannten Strafe soll ein Dienstpflichtiger nicht zur Erfüllung der aktiven Dienstpflicht herangezogen werden.

(4) Die Absätze 1 bis 3 sind auf Dienstpflichtige nicht anzuwenden, denen Strafaufschub oder Bewährungsfrist mit der Aussicht auf Straferlaß zugebilligt worden ist.

§ 25.

Zurückstellung aus häuslichen, wirtschaftlichen oder beruflichen Gründen.

Es können insbesondere zurückgestellt werden:

1. der einzige Ernährer hilfloser Familien, erwerbsunfähiger Eltern, Großeltern oder Geschwister,
2. ein Sohn eines zur Arbeit oder zur Aufsicht gesundheitlich unfähigen Bauern, Landwirts, Grundeigentümers, Pächters oder Gewerbetreibenden, wenn dieser Sohn die einzige und unentbehrliche Stütze zur wirtschaftlichen Erhaltung und Fortführung des Hofes oder Betriebes ist,
3. der einzige Bruder eines Soldaten, der im Kriege gefallen oder an einer im Kriege empfangenen Verwundung oder Krankheit gestorben oder mehr als 60 vom Hundert kriegsbeschädigt ist, wenn ohne diese Zurückstellung die Angehörigen hilflos würden,
4. ein Dienstpflichtiger, der das Eigentum oder den Besitz eines Hofes oder eines Grundstückes oder Betriebes im Nachlaßwege oder noch im Laufe des Jahres 1935 durch Kauf oder Pacht erworben hat, wenn er auf die Bewirtschaftung angewiesen ist und sein Besitztum auf andere Weise wirtschaftlich nicht erhalten kann,
5. der Eigentümer, Inhaber oder Betriebsleiter eines industriellen oder gewerblichen oder kaufmännischen Betriebes, wenn ihm die Leitung des Betriebes erst innerhalb des dem Musterungsjahr vorangehenden Jahres im Nachlaßwege oder noch im Laufe des Jahres 1933 durch Kauf oder Pachtung zugefallen ist und der Betrieb auf andere Weise nicht erhalten werden kann,
6. ein See- oder Binnenschiffahrt treibender Dienstpflichtiger der seemännischen oder Landbevölkerung bis zur nächsten besonderen Musterung nach § 53,
7. Schüler höherer Schulen bis zur Erlangung des Reifezeugnisses,

8. ein Dienstpflichtiger, der in der Vorbereitung für einen Lebensberuf durch die Heranziehung zur Erfüllung der aktiven Dienstpflicht bedeutenden Nachteil erleiden würde, für die Dauer der Berufsausbildung oder bis zum Abschluß des Hochschulstudiums (§ 22 Abs. 1),
9. ein Schüler einer Landwirtschafts-, Forst- oder Handelsschule, eines Technikums, einer Seefahrt-, Schiffsingenieur-, Schiffbau- oder Debegfunkschule (§ 26 Abs. 4) für die Dauer des Besuches dieser Anstalten (§ 22 Abs. 1),
10. ein Dienstpflichtiger römisch-katholischen Bekenntnisses, der sich dem Studium der Theologie widmet, für die Dauer des Studiums (§ 22 Abs. 1),
11. in Ausnahmefällen ein Dienstpflichtiger, der bei einer Behörde oder Dienststelle des Reiches, der Länder, Gemeinden, Gemeindeverbände und sonstigen Körperschaften des öffentlichen Rechts beschäftigt ist und dort aus dringenden dienstlichen Gründen nicht entbehrt werden kann, wenn er eine Bescheinigung des Leiters der betreffenden Behörde oder Dienststelle vorlegt.

§ 26.
Einzelheiten zum § 25.

(1) Sind im Falle des § 25 Nrn. 1 bis 3 zwei arbeitsfähige Dienstpflichtige vorhanden, die nicht gleichzeitig entbehrt werden können, so kann einer von ihnen zurückgestellt werden, bis der andere seine aktive Dienstpflicht erfüllt hat.

(2) Gegebenenfalls ist bei der Musterung durch den Hauptarzt festzustellen, ob die Person, zu deren Gunsten die Zurückstellung eines Dienstpflichtigen nach § 25 Nrn. 1 bis 3 beantragt ist, nicht mehr arbeits- oder aufsichtsfähig ist. Sie muß sich hierzu persönlich bei der Musterung vorstellen. Ist dies unmöglich, so kann der Dienstpflichtige nur zurückgestellt werden, wenn er über die genannte Person ein im § 5 Abs. 1 genanntes Zeugnis vorlegt.

(3) Die Bestimmungen der §§ 25, 26 Abs. 1 und 2 sind auch auf Stiefsöhne, Adoptivsöhne und uneheliche Söhne anzuwenden, in der Regel aber nicht auf Schwiegersöhne und Pflegesöhne, die nicht an Kindes Statt angenommen sind. Ein Vertrag über Annahme an Kindes Statt, der erst nach Eintritt in das wehrpflichtige Alter geschlossen ist, ist in der Regel nicht zu berücksichtigen.

(4) Die Bestimmung des § 25 Nr. 10 gilt nicht für den Reichsarbeitsdienst.

(5) Seefahrt- und Schiffsingenieurschulen im Sinne des § 25 Nr. 9 sind die öffentlichen Seefahrt- und Schiffsingenieurschulen, die durch die Landeszentralbehörde im Einvernehmen mit dem Reichsverkehrsminister anerkannt sind (§ 27 der Verordnungen über die Besetzung der Kauffahrteischiffe mit Kapitänen und Schiffsoffizieren (Schiffsbesetzungsordnung vom 29. Juni 1931 — RGBl. II S. 517,

524). Die Debegfunkschule ist die Funkschule Hamburg der Deutschen Betriebsgesellschaft für drahtlose Telegraphie m. b. H. Berlin.

§ 27.
Abweisung von Zurückstellungsanträgen.

(1) Ein Zurückstellungsgrund nach § 25, der vom Dienstpflichtigen oder seinen Angehörigen in der Absicht herbeigeführt worden ist, den Dienstpflichtigen der Erfüllung der aktiven Dienstpflicht zu entziehen, ist nicht zu berücksichtigen.

(2) Der Zurückstellungsantrag eines Dienstpflichtigen, der damit begründet wird, daß er die einzige Stütze seiner Eltern oder Verwandten ist, ist in der Regel abzuweisen, wenn ein anderer zu deren Unterstützung Verpflichteter sich dieser Pflicht entzieht, ausgewandert ist oder eine längere Freiheitsstrafe zu verbüßen hat.

(3) Ein Dienstpflichtiger ist in der Regel dann nicht zurückzustellen, wenn ein anderer zur Unterstützung der Eltern oder Verwandten Verpflichteter dieser Verpflichtung unter erträglichen wirtschaftlichen Opfern nachkommen kann.

(4) Zurückstellungsgründe nach § 25 Nrn. 1 bis 5 sind in der Regel auch dann nicht zu berücksichtigen, wenn unterstützungsfähige Verwandte leben. Als solche sind nicht anzusehen verheiratete Brüder, die bei Beginn der Dienstpflicht des Zurückzustellenden mindestens 25 Jahre alt und infolge des Besitzes eines eigenen Hausstandes nicht in der Lage sind, andere zu unterstützen. Das gleiche gilt, wenn ein Bruder oder mehrere Brüder in der Wehrmacht über die aktive Dienstpflicht oder im Reichsarbeitsdienst über die Arbeitsdienstpflicht hinaus dienen, oder ihnen von ihrem Truppenteil oder vom Arbeitsdienst bescheinigt wird, daß sie noch weiter dienen können.

(5) Die Verheiratung eines Dienstpflichtigen ist kein Zurückstellungsgrund.

§ 30.
Ersatzwesen in den Wehrbezirken.

(1) Das Ersatzwesen im Wehrbezirk leitet der Wehrbezirkskommandeur im Einvernehmen mit der zuständigen Kreispolizeibehörde und unter Beteiligung des Leiters des Meldeamts des Reichsarbeitsdienstes. Die besonderen Angelegenheiten der allgemeinen und inneren Verwaltung auf dem Gebiete des Ersatzwesens leitet die Kreispolizeibehörde selbständig. Bei jeder Kreispolizeibehörde besteht ein Wehrpflichtdezernat.

§ 33.
Ersatzwesen in der bisher entmilitarisierten Zone.

Die Bestimmungen dieser Verordnung gelten auch für die bisher entmilitarisierte Zone.

Der Reichsminister des Innern erfaßt durch die Behörden der allgemeinen und inneren Verwaltung die Dienstpflichtigen nach der Erfassungsverordnung.

§ 35.

Zweck und Umfang der Musterung.

(2) Die Musterung wird gemeinsam vom Wehrbezirkskommandeur und der Kreispolizeibehörde durchgeführt Bei der Musterung arbeitsdienstpflichtiger Jahrgänge wirkt der Leiter des Meldeamts des Arbeitsdienstes mit Der Wehrbezirkskommandeur vereinbart mit der Kreispolizeibehörde der einzelnen Musterungsbezirke den Verlauf der Musterung. Die Kreispolizeibehörde bereitet die Musterung im einzelnen vor.

§ 37.

Musterungsstab.

(3) Dem Musterungsstab gehören ferner an:

c) vom Reichsarbeitsdienst:
die erforderlichen Schreibkräfte

§ 40.

Personalpapiere.

(1) Der Dienstpflichtige soll zur Musterung mitbringen:

h) den Nachweis über geleisteten Arbeitsdienst (Arbeitspaß oder Arbeitsdienstpaß, Dienstzeitenausweis, Pflichtenheft der Studentenschaft).

§ 42.

Antrag auf Zurückstellung aus häuslichen, wirtschaftlichen oder beruflichen Gründen.

(1) Jeder Dienstpflichtige und seine Verwandten ersten Grades sowie seine Ehefrau können seine Zurückstellung nach § 25 beantragen. Der Antrag soll möglichst frühzeitig, spätestens bei der Musterung schriftlich oder zur Niederschrift bei der Kreispolizeibehörde gestellt werden. Treten die Gründe für die Zurückstellung erst nach der Musterung ein, so kann der Antrag nachträglich bei der Kreispolizeibehörde gestellt werden.

(2) Die Beteiligten können ihre Anträge durch Vorlegen von Urkunden und Stellen von Zeugen und Sachverständigen unterstützen. Die Urkunden müssen urschriftlich vorgelegt werden oder amtlich beglaubigt sein Die Erwerbsunfähigkeit der Person, zu deren Gunsten die Zurückstellung eines Dienstpflichtigen beantragt ist, muß nach § 26 Abs. 2 bestätigt werden

§ 47.

Untersuchung auf Tauglichkeit.

(4) Das ärztliche Urteil kann lauten auf:

a) „Tauglich 1“ oder „Tauglich 2“,
b) „Bedingt tauglich“,
c) „Zeitlich untauglich“,
d) „Beschränkt tauglich“,

e) „Untauglich (für Waffendienst)",
f) „Völlig untauglich".

(5) Der Hauptarzt gibt ferner für die tauglich Befundenen die Wehrmachtteile und Waffengattungen an, für die sie bevorzugt geeignet sind oder bei denen Einstellung nicht zulässig ist.

(6) Die körperlichen Einzelbefunde und das Ergebnis sind durch den Schreiber des Wehrbezirkskommandos unter lauter Wiederholung des Wortlauts in die Felder A bis J der linken Hälfte der Wehrstammkarte, das Ergebnis außerdem durch den Protokollbeamten der Kreispolizeibehörde und der polizeilichen Meldebehörde (Meldestelle) in das Feld J der grünen und braunen Wehrstammblätter einzutragen.

(7) Versuche Dienstpflichtiger zur Vortäuschung von Krankheiten werden nach § 143 des Reichsstrafgesetzbuchs[1]) bestraft. Die Einleitung der gerichtlichen Untersuchung veranlaßt auf Antrag des Wehrbezirkskommandeurs die Kreispolizeibehörde.

(8) Wer an Epilepsie zu leiden behauptet, hat auf eigene Kosten drei glaubhafte Zeugen hierfür zu stellen oder ein im § 5 Abs. 1 genanntes Zeugnis beizubringen. Das Vorhandensein dieses Leidens darf auch angenommen werden, wenn es in anderer Weise glaubwürdig nachgewiesen wird.

(9) Ist über die Tauglichkeit oder Untauglichkeit eines Dienstpflichtigen kein sicheres Urteil zu gewinnen, so kann fachärztliche Untersuchung angeordnet und der Entscheid von deren Ergebnis abhängig gemacht werden (§ 54 Abs. 3). Führt auch die Untersuchung zu keinem eindeutigen Ergebnis, so kann ausnahmsweise eine versuchsweise Einstellung vorgeschlagen werden.

(10) Die ärztliche Untersuchung unterbleibt bei Dienstpflichtigen, die schon aktiv gedient haben oder als Freiwillige angenommen sind, die wehrunwürdig oder nicht zum aktiven Wehrdienst heranzuziehen sind. Auf die Untersuchung kann auch verzichtet werden bei Dienstpflichtigen, die nach amtsärztlichem Zeugnis völlig untauglich sind (§ 6 Abs. 1).

[1]) Vgl. XVI, 3.

§ 48.

Entscheid des Wehrbezirkskommandeurs.

(1) Der Wehrbezirkskommandeur entscheidet nach den Feststellungen und Vorschlägen der Kreispolizeibehörde und nach dem Ergebnis der ärztlichen Untersuchung

c) bei Dienstpflichtigen, die wegen Abstammung (§ 19) oder wegen Vorstrafen (§ 20) nicht zum aktiven Wehrdienst heranzuziehen sind, ferner bei beschränkter Tauglichkeit, bei Untauglichkeit (für Waffendienst) sowie bei Wehrpflichtausnahmen nach § 18 Abs. 2

auf Überweisung zur Ersatzreserve II;

d) bei völliger Untauglichkeit
auf Ausmusterung;

e) wegen 1. zeitlicher Untauglichkeit (§ 23),
2. schwebenden Verfahrens (§ 24),
3. häuslicher, wirtschaftlicher oder beruflicher Gründe (§§ 25 bis 27)

auf Zurückstellung;

f) bei Dienstpflichtigen, die in der Wehrmacht, Landespolizei oder SS.-Verfügungstruppe mindestens neun Monate aktiv gedient haben,
auf Überweisung zur Reserve I;
bei Dienstpflichtigen, die eine kurzfristige Ausbildung von mindestens zwei Monaten in der Wehrmacht, in der Landespolizei oder bei Übungsstellen des Reichsluftsportkorps (bisher Deutscher Luftsportverband) durchgemacht haben,
auf Überweisung zur Reserve II.

(2) Bei Wehrfähigkeit (Abs. 1 a) ist gegebenenfalls die besondere Eignung oder die Nichteignung für einzelne Wehrmachtteile und Waffengattungen unter Berücksichtigung des Vorschlages des Hauptarztes sowie der beruflichen und sonstigen Vorbildung des Dienstpflichtigen festzustellen.

(3) Der wehrfähige Dienstpflichtige kann möglichst Aushebung innerhalb seines Jahrganges, ferner die Zuteilung zu einem bestimmten Wehrmachtteil und zu einer bestimmten Waffengattung beantragen. Ein Recht auf Berücksichtigung des Antrages erwächst ihm hieraus nicht.

(4) Der Wehrbezirkskommandeur vermerkt solche Wünsche und sonstige für die Aushebung wichtige eigene Beobachtungen in der weißen Wehrstammrolle.

(5) Der Entscheid des Wehrbezirkskommandeurs nach Abs. 1 bildet die Grundlage für den Entscheid über das Arbeitsdienstverhältnis, den der Leiter des Meldeamts des Reichsarbeitsdienstes, nach den vom Reichsarbeitsführer erlassenen besonderen Bestimmungen zu treffen hat.

§ 49.

Bekanntgabe und Beurkundung des Entscheids.

(8) Den wehrfähigen, der Ersatzreserve I überwiesenen Dienstpflichtigen ist ferner bekanntzugeben, daß sie, soweit sie arbeitsdienstpflichtig sind, vorerst zu diesem Dienst ausgehoben werden und daß sie im übrigen innerhalb der nächsten drei Jahre entweder zur Erfüllung der aktiven Dienstpflicht oder zur kurzfristigen Ausbildung einberufen werden. Sie sind ferner zu belehren, daß über Zuteilung zu Wehrmachtteil und Waffengattung erst bei der Aushebung bestimmt werden kann.

(9) Für Arbeitsdienstpflichtige wird der nach § 48 Abs. 5 gefällte Entscheid über das Arbeitsdienstverhältnis nach Weisung des Lei-

ters des Meldeamtes des Reichsarbeitsdienstes in der Wehrstammkarte und in der roten Wehrstammrolle vermerkt und im Wehrpaß eingetragen.

§ 50.

Einspruch.

(1) Entscheidet der Wehrbezirkskommandeur oder der Leiter des Meldeamts des Reichsarbeitsdienstes gegen den Vorschlag der Kreispolizeibehörde, so kann sie Einspruch bei der höheren Verwaltungsbehörde einlegen. Der Einspruch hat aufschiebende Wirkung.

(2) Über den Einspruch gegen den Entscheid des Wehrbezirkskommandeurs entscheidet der Wehrersatzinspekteur im Einvernehmen mit der höheren Verwaltungsbehörde (§ 29 Abs. 2). Bei Meinungsverschiedenheit gibt der Wehrersatzinspekteur den Ausschlag.

(3) Über den Einspruch gegen den Entscheid des Leiters des Meldeamts des Reichsarbeitsdienstes entscheidet die höhere Verwaltungsbehörde im Einvernehmen mit dem Leiter des Hauptmeldeamts des Reichsarbeitsdienstes. Bei Meinungsverschiedenheit gibt die höhere Verwaltungsbehörde den Ausschlag.

(4) Gegen die Entscheidung des Wehrersatzinspekteurs kann die im Abs. 2 genannte höhere Verwaltungsbehörde Einspruch bei der im § 28 Abs. 2 genannten Verwaltungsbehörde einlegen. Der Einspruch hat aufschiebende Wirkung. Im Einvernehmen mit der letztgenannten Verwaltungsbehörde entscheidet der Wehrkreisbefehlshaber. Er gibt bei Meinungsverschiedenheit den Ausschlag.

(5) Gegen die Entscheidung des Wehrkreisbefehlshabers kann die im Abs. 4 Satz 3 genannte Verwaltungsbehörde Einspruch beim Reichsminister des Innern einlegen. Der Einspruch hat aufschiebende Wirkung. Über ihn entscheiden der Reichskriegsminister und der Reichsminister des Innern gemeinsam.

(6) Gegen die Entscheidung der höheren Verwaltungsbehörde (Abs. 3) kann der Leiter des Hauptmeldeamts des Reichsarbeitsdienstes Einspruch beim Reichsminister des Innern einlegen. Der Einspruch hat aufschiebende Wirkung. Über ihn entscheidet der Reichsminister des Innern nach Anhörung des Reichsarbeitsführers.

§ 51.

Beschwerde.

(1) Gegen den Entscheid des Wehrbezirkskommandeurs, mit Ausnahme desjenigen, der sich auf die Tauglichkeit oder die Eignung für Wehrmachtteile und Waffengattung bezieht, und gegen den Entscheid des Leiters des Meldeamts des Reichsarbeitsdienstes kann der Dienstpflichtige innerhalb einer Frist von zwei Wochen schriftlich oder zur Niederschrift Beschwerde bei der Kreispolizeibehörde einlegen.

(2) Bei der Ablehnung von Zurückstellungsanträgen nach § 42 kann die Beschwerde auch von den nach § 42 Abs. 1 zur Stellung dieser Anträge berechtigten Personen eingelegt werden.

(3) Die Beschwerde gegen den Entscheid des Wehrbezirkskommandeurs ist von der Kreispolizeibehörde mit ihrer Stellungnahme dem Wehrersatzinspekteur zuzuleiten. Er entscheidet im Einvernehmen mit der höheren Verwaltungsbehörde (§ 29 Abs. 2). Bei Meinungsverschiedenheit gibt der Wehrersatzinspekteur den Ausschlag.

(4) Die Beschwerde gegen den Entscheid des Leiters des Meldeamts des Reichsarbeitsdienstes ist von der Kreispolizeibehörde mit gutachtlicher Äußerung der höheren Verwaltungsbehörde (§ 29 Abs. 2) vorzulegen. Sie entscheidet im Einvernehmen mit dem Leiter des Hauptmeldeamts des Reichsarbeitsdienstes. Bei Meinungsverschiedenheit gibt die höhere Verwaltungsbehörde den Ausschlag.

(5) Gegen die Entscheidung des Wehrersatzinspekteurs kann Beschwerde bei der im § 28 Abs. 2 genannten Verwaltungsbehörde eingelegt werden. Im Einvernehmen mit dieser entscheidet der Wehrkreisbefehlshaber. Er gibt bei Meinungsverschiedenheit den Ausschlag.

(6) Gegen die Entscheidung des Wehrkreisbefehlshabers kann die Beschwerde beim Reichsminister des Innern eingelegt werden, der gemeinsam mit dem Reichskriegsminister entscheidet. Der Reichsminister des Innern und der Reichskriegsminister können die Befugnis zur Entscheidung auf nachgeordnete Behörden und Dienststellen übertragen.

(7) Gegen die Entscheidung der höheren Verwaltungsbehörde (Abs. 4) kann die Beschwerde beim Reichsminister des Innern eingelegt werden, der nach Anhörung des Reichsarbeitsführers entscheidet.

§ 72.

(1) Diese Verordnung tritt am 1. April 1936 in Kraft. Gleichzeitig tritt die Verordnung über die Musterung und Aushebung 1935 vom 29. Mai 1935 (RGBl. I S. 697) außer Kraft.

(2) Wenn in Gesetzen oder Verordnungen auf die Vorschriften der Verordnung über die Musterung und Aushebung 1935 vom 29. Mai 1935 und der Ersten Verordnung zur Änderung vom 6. Oktober 1935 (RGBl. I S. 1227) verwiesen wird, tritt an deren Stelle die vorstehende Verordnung.

Dritter Abschnitt.

XVI. In Bezug genommene Bestimmungen.

1. Aus dem Bürgerlichen Gesetzbuch.

§ 9.

Eine Militärperson hat ihren Wohnsitz am Garnisonorte. Als Wohnsitz einer Militärperson, deren Truppenteil im Inlande keinen Garnisonort hat, gilt der letzte inländische Garnisonort des Truppenteils.

Diese Vorschriften finden keine Anwendung auf Militärpersonen, die nur zur Erfüllung der Wehrpflicht dienen oder die nicht selbständig einen Wohnsitz begründen können.

§ 411.

Tritt eine Militärperson, ein Beamter, ein Geistlicher oder ein Lehrer an einer öffentlichen Unterrichtsanstalt den übertragbaren Teil des Diensteinkommens, des Wartegeldes oder des Ruhegeldes ab, so ist die auszahlende Kasse durch Aushändigung einer von dem bisherigen Gläubiger ausgestellten, öffentlich beglaubigten Urkunde von der Abtretung zu benachrichtigen. Bis zur Benachrichtigung gilt die Abtretung als der Kasse nicht bekannt.

§ 570.

Militärpersonen, Beamte, Geistliche und Lehrer an öffentlichen Unterrichtsanstalten können im Falle der Versetzung nach einem anderen Orte das Mietverhältnis in Ansehung der Räume, welche sie für sich oder ihre Familie an dem bisherigen Garnison- oder Wohnort gemietet haben, unter Einhaltung der gesetzlichen Frist kündigen. Die Kündigung kann nur für den ersten Termin erfolgen, für den sie zulässig ist.

§ 1578.

Der allein für schuldig erklärte Mann hat der geschiedenen Frau den standesmäßigen Unterhalt insoweit zu gewähren, als sie ihn nicht als den Einkünften ihres Vermögens und, sofern nach den Verhältnissen, in denen die Ehegatten gelebt haben, Erwerb durch Arbeit der Frau üblich ist, aus dem Ertrage ihrer Arbeit bestreiten kann.

Die allein für schuldig erklärte Frau hat dem geschiedenen Manne den standesmäßigen Unterhalt insoweit zu gewähren, als er außerstande ist, sich selbst zu unterhalten.

§ 1718.

Wer seine Vaterschaft nach der Geburt des Kindes in einer öffentlichen Urkunde anerkennt, kann sich nicht darauf berufen, daß ein anderer der Mutter innerhalb der Empfängniszeit beigewohnt habe.

2. Aus der Zivilprozeßordnung.

§ 14. Ist der für den Wohnsitz einer Militärperson maßgebende Garnisonort in mehrere Gerichtsbezirke geteilt, so wird der als Wohnsitz geltende Bezirk von der Landesjustizverwaltung durch allgemeine Anordnung bestimmt.

§ 20. (1) Wenn Personen an einem Orte unter Verhältnisse, welche ihrer Natur nach auf einen Aufenthalt von längerer Dauer hinweisen, insbesondere als Dienstboten, Hand- und Fabrikarbeiter, Gewerbegehilfen, Studierende, Schüler oder Lehrlinge sich aufhalten, so ist das Gericht des Aufenthaltsorts für alle Klagen zuständig, welche gegen diese Personen wegen vermögensrechtlicher Ansprüche erhoben werden.

(2) Diese Bestimmung findet auf Militärpersonen, welche selbständig einen Wohnsitz nicht begründen können, in der Art Anwendung, daß an die Stelle des Gerichts des Aufenthaltsorts das Gericht des Garnisonorts tritt. Die Vorschriften des § 14 findet entsprechende Anwendung.

§ 57. (2) Der Vorsitzende kann einen solchen Vertreter auch bestellen, wenn in den Fällen des § 20 eine nicht prozeßfähige Person bei dem Gericht ihres Aufenthaltsorts oder Garnisonorts verklagt werden soll.

§ 172. Die Zustellung für Unteroffiziere oder Mannschaften der Wehrmacht erfolgt an den Chef der zunächst vorgesetzten Kommandobehörde (Chef der Kompanie, Eskadron, Batterie usw.).

§ 378. Die Ladung eines Soldaten als Zeugen erfolgt durch Ersuchen der Militärbehörde.

§ 380. (2) Im Falle wiederholten Ausbleibens ist die Strafe noch einmal zu erkennen, auch kann die zwangsweise Vorführung des Zeugen angeordnet werden. Angehörige der Wehrmacht werden durch die Militärbehörde vorgeführt.

§ 752. (1) Gegen einen Angehörigen der Wehrmacht darf die Zwangsvollstreckung erst beginnen, nachdem von derselben die vorgesetzte Militärbehörde Anzeige erhalten hat.

(2) Dem Gläubiger ist auf Verlangen der Empfang der Anzeige von der Militärbehörde zu bescheinigen.

§ 790. (1) Soll die Zwangsvollstreckung gegen einen Soldaten in Kasernen und anderen militärischen Dienstgebäuden oder auf Kriegsfahrzeugen erfolgen, so hat auf Antrag des Gläubigers das Vollstreckungsgericht die zuständige Militärbehörde um die Zwangsvollstreckung zu ersuchen.

(2) Die gepfändeten Gegenstände sind einem von dem Gläubiger zu beauftragenden Gerichtsvollzieher zu übergeben.

§ 850. (1) Die Dienstbezüge der Beamten, der Geistlichen sowie der Ärzte und Lehrer an öffentlichen Anstalten und die Bezüge dieser Personen nach ihrer Versetzung in den dauernden oder einstweiligen Ruhestand oder ihrem sonstigen Ausscheiden aus dem Dienst sind bis zum Betrage von monatlich 150 RM. und, soweit sie diesen Betrag übersteigen, zu zwei Dritteilen des Mehrbetrags der Pfändung nicht unterworfen. Das gleiche gilt von den Dienstbezügen der Wehrmachtsangehörigen und den Versorgungsbezügen der aus der Wehrmacht Ausgeschiedenen, soweit nicht in den Versorgungsgesetzen ein anderes bestimmt ist. Beträge, die auf Grund steuerrechtlicher oder sonstiger gesetzlicher Vorschriften zugunsten des Schuldners unmittelbar an eine dritte Stelle abzuführen sind, dürfen bei der Ermittlung des pfändbaren Betrages nicht in Abzug gebracht werden.

(2) Die Zulagen und Beihilfen, die den im Abs. 1 bezeichneten Personen mit Rücksicht auf das Vorhandensein unterhaltsberechtigter Angehöriger gewährt werden, sind weder der Pfändung unterworfen, noch bei der Ermittlung der pfändbaren Beträge zu berücksichtigen. Das gleiche gilt für die Einkünfte, die zur Bestreitung eines Dienstaufwandes bestimmt sind.

(3) Wegen der Unterhaltsansprüche, die Verwandten, Ehegatten, früheren Ehegatten oder unehelichen Kindern kraft Gesetzes zustehen, sind die im Abs. 1 und im Abs. 2 Satz 1 genannten Bezüge ohne die dort bezeichneten Beschränkungen pfändbar. Dem Schuldner ist jedoch von den Bezügen so viel zu belassen, als er für seinen notwendigen Unterhalt und zur Erfüllung seiner laufenden gesetzlichen Verpflichtungen gegenüber den dem Gläubiger vorgehenden Unterhaltsberechtigten oder zur gleichmäßigen Befriedigung der dem Gläubiger gleichstehenden Unterhaltsberechtigten bedarf. Die Reihenfolge bestimmt sich nach § 1609 des Bürgerlichen Gesetzbuchs; die Ansprüche der unehelichen Kinder stehen denen der Verwandten, Ehegatten und früheren Ehegatten nach. Der dem Schuldner nach Satz 2 verbleibende Teil seiner Bezüge darf den Betrag nicht übersteigen, der ihm nach den Absätzen 1 und 2 zu verbleiben hätte. Für die Pfändung wegen Rückstände, die länger als ein Jahr vor dem Antrag auf Erlaß des Pfändungsbeschlusses fällig geworden sind, gelten die Vorschriften dieses Absatzes nur insoweit, als nach Lage der Verhältnisse anzunehmen ist, daß sich der Schuldner seiner Zahlungspflicht absichtlich entzogen hat; im übrigen ist die Pfändung wegen derartiger Rückstände nur in den Absätzen 1 und 2 bezeichneten Grenzen zulässig.

(4) Ändern sich die Verhältnisse, die nach den Absätzen 1 bis 3

den unpfändbaren Teil des Bezüges bestimmen, so ist auf Antrag des Schuldners oder des Gläubigers der Pfändungsbeschluß entsprechend zu ändern. Den Antrag kann auch ein Dritter stellen, demgegenüber der Schuldner kraft Gesetzes unterhaltspflichtig ist. Der Drittschuldner kann nach Maßgabe der bisherigen Pfändung mit befreiender Wirkung leisten, solange ihm der Änderungsbeschluß nicht zugestellt ist.

§ 850 a.

(1) Für die Pfändung der Bezüge von Hinterbliebenen der im § 850 Abs. 1 genannten Personen, der Bezüge aus Witwen- und Waisenkassen, der Erziehungsgelder, Studienstipendien und ähnlicher Bezüge gelten die Vorschriften des § 850 entsprechend.

(2) Die Sterbe- oder Gnadenbezüge sind in voller Höhe unpfändbar.

§ 850 g.

Der Pfändung sind nicht unterworfen:

5. das Diensteinkommen der Angehörigen mobiler Verbände.

§ 904.

Die Haft ist unstatthaft:

2. gegen Militärpersonen, welche zu einem mobilen Truppenteil oder zur Besatzung eines in Dienst gestellten Kriegsfahrzeugs gehören.

§ 905.

Die Haft wird unterbrochen:

2. gegen Militärpersonen, welche zu einem mobilen Truppenteil oder auf ein in Dienst gestelltes Kriegsfahrzeug einberufen werden, für die Dauer dieser Verhältnisse.

§ 912.

Soll die Haft gegen einen Angehörigen der Wehrmacht vollstreckt werden, so hat das Gericht die vorgesetzte Militärbehörde um die Vollstreckung zu ersuchen.

3. Aus dem Strafgesetzbuch.

§ 42 a.

Maßregeln der Sicherung und Besserung sind:

1. die Unterbringung in einer Heil- oder Pflegeanstalt,
2. die Unterbringung in einer Trinkerheilanstalt oder einer Entziehungsanstalt,
3. die Unterbringung in einem Arbeitshaus,
4. die Sicherungsverwahrung,
5. die Entmannung gefährlicher Sittlichkeitsverbrecher,
6. die Untersagung der Berufsausübung.

§ 140.

Ein Wehrpflichtiger, der vor Erfüllung der aktiven Dienstpflicht mit dem Vorsatz, sich der Erfüllung der Wehrpflicht zu entziehen, ohne Erlaubnis entweder das Reichsgebiet verläßt oder sich nach Erreichung des wehrpflichtigen Alters außerhalb des Reichsgebiets aufhält, wird mit Gefängnis nicht unter einem Monat bestraft. Daneben ist auf Verlust der Fähigkeit zur Bekleidung öffentlicher Ämter auf die Dauer von einem bis zu fünf Jahren zu erkennen. Zugleich kann auf Geldstrafe erkannt werden.

Der Versuch ist strafbar.

§ 142.

Wer sich vorsätzlich durch Selbstverstümmelung oder auf andere Weise zur Erfüllung der Wehrpflicht untauglich macht oder durch einen anderen untauglich machen läßt, wird mit Gefängnis nicht unter einem Jahre bestraft.

Tritt die Untauglichkeit nur zeitweise oder nicht für alle Waffengattungen ein, so ist die Strafe Gefängnis nicht unter drei Monaten.

Entsprechend wird, soweit nicht die Tat in anderen Vorschriften mit schwererer Strafe bedroht ist, bestraft, wer einen anderen zur Erfüllung der Wehrpflicht untauglich macht.

Der Versuch ist strafbar.

Neben der Strafe ist auf Verlust der Fähigkeit zur Bekleidung öffentlicher Ämter auf die Dauer von einem bis zu fünf Jahren zu erkennen; an Stelle dieser Strafe kann auf Verlust der bürgerlichen Ehrenrechte erkannt werden.

§ 143.

Wer mit dem Vorsatz, sich oder einem anderen der Erfüllung der Wehrpflicht ganz, teilweise oder zeitweise zu entziehen, auf Täuschung berechnete Mittel anwendet oder anwenden läßt, wird mit Gefängnis bestraft. Daneben kann auf Verlust der Fähigkeit zur Bekleidung öffentlicher Ämter auf die Dauer von einem bis zu fünf Jahren oder auf Verlust der bürgerlichen Ehrenrechte erkannt werden.

Der Versuch ist strafbar.

4. Aus der Strafprozeßordnung.

§ 48.

(2) Die Ladung eines Soldaten als Zeugen erfolgt durch Ersuchen der Militärbehörde.

§ 51.

(4) Angehörige der Reichswehr werden durch die Militärbehörde vorgeführt.

Abschnitt VIII.

Beschlagnahme und Durchführung.

§ 98.

(4) Beschlagnahmen in militärischen Dienstgebäuden, zu welchen auch Kriegsfahrzeuge gehören, erfolgen durch Ersuchen der Militär-

behörde und auf Verlangen der Zivilbehörde (Richter, Staatsanwaltschaft) unter deren Mitwirkung. Des Ersuchens der Militärbehörde bedarf es jedoch nicht, wenn die Beschlagnahme in Räumen vorzunehmen ist, welche in militärischen Dienstgebäuden ausschließlich von Zivilpersonen bewohnt werden.

§ 105.

(4) Durchsuchungen in militärischen Dienstgebäuden erfolgen durch Ersuchen der Militärbehörde und auf Verlangen der Zivilbehörde (Richter, Staatsanwaltschaft) unter deren Mitwirkung. Des Ersuchens der Militärbehörde bedarf es jedoch nicht, wenn die Durchsuchung von Räumen vorzunehmen ist, welche in militärischen Dienstgebäuden ausschließlich von Zivilpersonen bewohnt werden.

5. Aus dem Reichsbeamtengesetz.

§ 149.

Über vermögensrechtliche Ansprüche der Reichsbeamten aus ihrem Dienstverhältnis, insbesondere über Ansprüche auf Besoldung, Wartegeld oder Pension, sowie über die den Hinterbliebenen der Reichsbeamten gesetzlich gewährten Rechtsansprüche auf Bewilligung findet mit folgenden Maßgaben der Rechtsweg statt.

§ 150.

Die Entscheidung der obersten Reichsbehörde muß der Klage vorhergehen und letztere sodann bei Verlust des Klagerechts innerhalb sechs Monaten, nachdem dem Beteiligten die Entscheidung jener Behörde bekanntgemacht worden, angebracht werden.

In den Fällen, in welchen gemäß § 54 die höhere Reichsbehörde Entscheidung getroffen hat, tritt der Verlust des Klagerechts auch dann ein, wenn nicht von dem Beteiligten gegen diese Entscheidung binnen gleicher Frist die Beschwerde an die oberste Reichsbehörde erhoben ist.

§ 151.

Der Reichsfiskus wird durch die höhere Reichsbehörde, unter welcher der Reichsbeamte steht oder gestanden hat, oder falls er direkt unter der obersten Reichsbehörde steht oder gestanden hat, durch die oberste Reichsbehörde vertreten.[1])

Die Klage ist bei demjenigen Gericht anzubringen, in dessen Bezirk die betreffende Behörde ihren Sitz hat.

[1]) Vgl. die Sonderbestimmung der VO. vom 23. März 1936, Art. 2 (III, 3).

§ 152.

In bürgerlichen Rechtsstreitigkeiten, in welchen durch die Klage oder Widerklage ein Anspruch auf Grund der Vorschriften dieses Gesetzes geltend gemacht ist, wird die Verhandlung und Entscheidung letzter Instanz im Sinne des § 8 des Einführungsgesetzes zum Gerichtsverfassungsgesetze dem Reichsgericht zugewiesen.

§ 153.

Auf die im § 144 erwähnten Rechtsstreitigkeiten finden die Bestimmungen der §§ 151 und 152 mit der Maßgabe Anwendung, daß der Reichsfiskus durch die höhere Reichsbehörde vertreten wird, welche den Defektbeschluß abgefaßt oder für vollstreckbar erklärt hat (§ 139 Abs. 2). Ist die Abfassung durch die oberste Reichsbehörde geschehen, so übernimmt diese die Vertretung des Reichsfiskus.

6. Aus dem Reichsversorgungsrecht.

a) Reichsversorgungsgesetz

vom 12. Mai 1920, in der Fassung vom 22. Dezember 1927 (RGBl. I S. 515), 5. Juni 1931 (RGBl. I S. 279), 14. Juni 1932 (RGBl. I S. 273), 30. Juni 1933 (RGBl. I S. 433) und 24. November 1933 (RGBl. I S. 1000).

Anspruch auf Versorgung.

§ 2. (1) Dienstbeschädigung ist die gesundheitsschädigende Einwirkung, die durch militärische Dienstverrichtungen oder durch einen während der Ausübung des Militärdienstes erlittenen Unfall oder durch die dem Militärdienst eigentümlichen Verhältnisse herbeigeführt worden ist.

(2) Zur Anerkennung einer Gesundheitsstörung als Folge einer Dienstbeschädigung genügt die Wahrscheinlichkeit des ursächlichen Zusammenhanges.

(3) Arbeiten, zu denen Angehörige der deutschen Wehrmacht in unverschuldeter Kriegsgefangenschaft verwendet werden, und die dieser Kriegsgefangenschaft eigentümlichen Verhältnisse werden dem Militärdienst und den diesem Dienste eigentümlichen Verhältnissen gleichgestellt. Die Angaben des Beschädigten, die sich auf Vorgänge bei der Gefangennahme und in der Kriegsgefangenschaft beziehen, sind der Entscheidung zugrunde zu legen, soweit nicht die Umstände des Falles entgegenstehen. Ein Gleiches gilt in den Fällen, in denen Akten oder Teile dieser ohne Verschulden des Beschädigten oder der Hinterbliebenen verlorengegangen sind und nicht ersetzt werden können. Finden sich die Akten wieder, so kann eine Nachprüfung der getroffenen Entscheidung auf Grund der Akten erfolgen.

(4) Eine vom Beschädigten absichtlich herbeigeführte gesundheitsschädigende Einwirkung gilt nicht als Dienstbeschädigung.

§ 4. (1) Ist der Anspruch auf Rente wegen einer durch eine Dienstbeschädigung verursachten Gesundheitsstörung anerkannt worden, so wird dem Beschädigten, solange er wegen dieser Gesundheitsstörung Rente bezieht, Heilbehandlung gewährt, um die Gesundheitsstörung oder die dadurch bewirkte Beeinträchtigung der Erwerbsfähigkeit zu beseitigen oder wesentlich zu bessern, eine Verschlimmerung zu verhüten oder körperliche Beschwerden zu beheben. Ist einem Beschädigten wegen einer durch eine Dienstbeschädigung verursachten Gesundheitsstörung Rente ohne Anerkennung eines

Anspruchs bewilligt worden, so kann ihm, solange er wegen dieser Gesundheitsstörung Rente bezieht, Heilbehandlung unter denselben Voraussetzungen gewährt werden.

(2) Rechtfertigen die Folgen einer anerkannten Dienstbeschädigung den Bezug einer Rente nicht, so kann Heilbehandlung gewährt werden, wenn dadurch eine Verschlimmerung des durch die Dienstbeschädigung verursachten Leidens verhütet wird.

(3) Heilbehandlung kann auch vor der Anerkennung des Rentenanspruchs oder einer Gesundheitsstörung als Folge einer Dienstbeschädigung gewährt werden. Wird eine Heilbehandlung nach der Antragstellung (§ 1) und vor der Anerkennung von dem Beschädigten durchgeführt, so können die hierdurch entstandenen Kosten in angemessenem Umfang ersetzt werden.

(4) Für die Beschädigten, die dauernder Pflege bedürfen, ohne daß die Voraussetzungen des Abs. 1 gegeben sind, kann das Reich die Kosten der Anstaltspflege unter entsprechender Anrechnung der Versorgungsgebührnisse übernehmen, wenn geeignete Pflege sonst nicht gewährt werden kann.

(5) Während des Aufenthalts im Ausland können Beschädigte Heilbehandlung oder an ihrer Stelle eine Unterstützung erhalten.

§ 5. (1) Die Heilbehandlung umfaßt ärztliche Behandlung, Versorgung mit Arznei und anderen Heilmitteln sowie die Ausstattung mit Körperersatzstücken, orthopädischen und anderen Hilfsmitteln, die erforderlich sind, um den Erfolg der Heilbehandlung zu sichern oder die Folgen der Dienstbeschädigung zu erleichtern. Art und Umfang der dem Beschädigten zu gewährenden Heilbehandlung decken sich mit den Leistungen, zu denen die Krankenkasse (§ 8 Abs. 3) ihren Mitgliedern gegenüber verpflichtet ist, soweit dieses Gesetz nichts anderes bestimmt. Art und Umfang der Ausstattung mit Körperersatzstücken, orthopädischen und anderen Hilfsmitteln bestimmen die Vorschriften, die gemäß § 114 von der Reichsregierung zur Durchführung des § 7 erlassen sind.

(2) An Stelle der im Abs. 1 vorgesehenen ärztlichen Behandlung, Versorgung mit Arznei und anderen Heilmitteln können Kur und Verpflegung in einer Heilanstalt (Heilanstaltspflege) oder, wenn andere Behandlungsverfahren keinen genügenden Erfolg haben oder in absehbarer Zeit erwarten lassen, Kur und Verpflegung in einem Badeorte (Badekur) gewährt werden.

(3) Blinde erhalten einen Führerhund.

§ 6. Mit Zustimmung des Beschädigten kann ihm Hilfe und Wartung durch Krankenpfleger, Krankenschwestern oder andere Pflegekräfte (Hauspflege) gewährt werden, wenn die Aufnahme des Beschädigten in eine Heilanstalt geboten, aber nicht ausführbar ist, oder wenn ein wichtiger Grund vorliegt, den Beschädigten in seiner Familie zu belassen.

§ 7. (1) Die Körperersatzstücke, orthopädischen und anderen Hilfsmittel sind in erforderlicher Zahl zu gewähren; sie müssen den persönlichen und beruflichen Bedürfnissen des Beschädigten angepaßt sein.

(2) Der Beschädigte hat Anspruch auf Instandsetzung und Ersatz der Hilfsmittel, wenn ihre Unbrauchbarkeit oder ihr Verlust nicht auf Mißbrauch, auf Vorsatz oder auf grobe Fahrlässigkeit des Beschädigten zurückzuführen ist.

(3) Die Bewilligung der Hilfsmittel kann davon abhängig gemacht werden, daß der Beschädigte sie sich anpassen läßt oder sich, um mit ihrem Gebrauche vertraut zu werden, einer angeordneten Ausbildung unterzieht. Der Ersatz eines unbrauchbar gewordenen Hilfsmittels kann abgelehnt werden, wenn es nicht zurückerstattet wird. Bei wertvollen Hilfsmitteln kann ein Eigentumsvorbehalt gemacht werden.

(4) Für die Beschaffung und den Ersatz von Führerhunden gelten diese Vorschriften entsprechend; zum Unterhalte des Hundes werden jährlich in Orten der Sonderklasse 240 Reichsmark, in Orten der Ortsklasse A 216 Reichsmark, in Orten der Ortsklassen B und C 198 Reichsmark, in Orten der Ortsklasse D 180 Reichsmark gewährt.

§ 8. (1) Körperersatzstücke, orthopädische und andere Hilfsmittel sowie die Führerhunde für Blinde werden vom Reiche geliefert.

(2) Badekuren gewährt das Reich.

(3) Im übrigen wird die Heilbehandlung einschließlich der Heilanstaltspflege und der Hauspflege durch die Krankenkassen gewährt. Soweit weder eine Krankenkasse der Reichsversicherung noch eine Knappschaftskrankenkasse oder eine Ersatzkasse nach Gesetz oder Satzung zur Leistung der Heilbehandlung verpflichtet ist, hat die Heilbehandlung des Beschäftigten, wenn er Mitglied einer dieser Kassen ist, durch diese, sonst durch die allgemeine Ortskrankenkasse oder, wo eine solche nicht besteht, durch die Landkrankenkasse seines Wohnorts zu erfolgen. Wird eine Heilbehandlung ohne Inanspruchnahme der hiernach zuständigen Krankenkassen durchgeführt, so besteht kein Anspruch auf Erstattung der dadurch entstandenen Kosten; sie können jedoch in angemessenem Umfang erstattet werden, wenn zwingende Gründe die Inanspruchnahme der zuständigen Krankenkasse unmöglich machen. Während der Heilbehandlung ist der Beschädigte der Krankenordnung und den Strafbestimmungen der Kasse unterworfen, auch wenn er nicht ihr Mitglied ist. Alle übrigen Beschädigten, die Heilbehandlung nur auf Grund dieses Gesetzes erhalten, haben den Betrag für das Verordnungsblatt und die Gebühr für den Krankenschein zu entrichten.

(4) Die Heilbehandlung wird solange fortgesetzt, als sich eine Besserung des Gesundheitszustandes oder eine Steigerung der Erwerbsfähigkeit erwarten läßt oder besondere Heilmaßnahmen zur Verhütung einer Verschlimmerung oder zur Behebung körperlicher Beschwerden erforderlich sind. Die Verwaltungsbehörden der Reichsversorgung sind berechtigt, bei Beschädigten, denen die Kranken-

kasse nur auf Grund dieses Gesetzes Heilbehandlung gewährt, Art, Umfang und Dauer der Heilbehandlung zu bestimmen. Ihre Entscheidung ist für die Krankenkasse bindend.

(5) Streitigkeiten werden in dem in der Reichsversicherungsordnung für die Krankenversicherung vorgeschriebenen Spruchverfahren entschieden.

(6) Auch wenn die Heilbehandlung und Heilanstaltspflege nur auf Grund dieses Gesetzes gewährt werden, haben Ärzte, Zahnärzte, Apotheker sowie andere der Heilbehandlung dienende Personen, Heilanstalten und Einrichtungen nur auf die für die Mitglieder der Krankenkasse zu zahlende Vergütung Anspruch. Der Reichsarbeitsminister kann Ausnahmen von dieser Vorschrift zulassen.

(7) An Stelle der Krankenkassen kann das Reich die Heilbehandlung einschließlich der Heilanstaltspflege und der Hauspflege selbst durchführen.

§ 9. Die Landesregierungen sind ermächtigt, öffentliche Kranken- und Pflegeanstalten zu verpflichten, einen bestimmten Teil ihrer Betten gegen angemessene Vergütung für die Heilbehandlung und Pflege der Beschädigten zur Verfügung zu stellen. Die Reichsregierung kann mit Zustimmung des Reichsrats einheitlich Grundsätze hierfür aufstellen.

§ 10. (1) Wird bei einer Krankenkasse die ihr nach diesem Gesetz obliegende Heilbehandlung dadurch ernstlich gefährdet, daß die Kasse keinen Vertrag zu angemessenen Bedingungen mit einer ausreichenden Zahl von Ärzten schließen kann, oder daß die Ärzte den Vertrag nicht eingehalten, so ermächtigt die Versorgungsbehörde die Kasse auf ihren Antrag widerruflich, statt der Heilbehandlung eine bare Leistung bis zu zwei Dritteln des Durchschnittsbetrags ihres gesetzlichen Krankengeldes zu gewähren.

(2) Die Versorgungsbehörde kann zugleich bestimmen:

1. wie der Zustand des Beschädigten, der die Leistungen erhalten soll, anders als durch ärztliche Bescheinigungen nachgewiesen werden darf,
2. daß die Kasse ihre Leistungen so lange einstellen oder zurückbehalten darf, bis ein ausreichender Nachweis erbracht ist,
3. unter welchen Voraussetzungen die Kasse die Beschädigten, denen sie Heilbehandlung nach diesem Gesetze zu gewähren hat, in ein Krankenhaus verweisen darf.

§ 11. (1) Zur Gewährung der Heilanstaltspflege bedarf es der Zustimmung des Beschädigten, wenn er einen eigenen Haushalt hat oder Mitglied des Haushalts seiner Familie ist.

(2) Bei einem Minderjährigen, der das 16. Lebensjahr vollendet hat, genügt seine Zustimmung.

(3) Der Zustimmung bedarf es nicht, wenn

1. die Art der Beschädigung eine Behandlung oder Pflege verlangt, die in der Familie des Beschädigten nicht möglich ist,

2. die Krankheit ansteckend ist,
3. der Beschädigte wiederholt der Krankenordnung oder den Anordnungen des behandelnden Arztes zuwider gehandelt hat,
4. der Zustand oder das Verhalten des Beschädigten eine fortgesetzte Beobachtung erfordert.

(4) In den Fällen des Abs. 3 Nr. 1, 2 und 4 soll möglichst Heilanstaltspflege gewährt werden.

§ 15. Soweit die Krankenkasse nur nach den Vorschriften dieses Gesetzes verpflichtet ist, Heilbehandlung einschließlich Heilanstaltspflege und Hauspflege sowie Krankengeld und Hausgeld zu gewähren, werden ihr die entstandenen Kosten und der entsprechende Anteil an den Verwaltungskosten ersetzt. Der Reichsarbeitsminister ist ermächtigt, diesen Ersatz in Pauschbeträgen zu gewähren. Er setzt die Pauschbeträge nach Anhörung der Spitzenverbände der Krankenkassen fest.

§ 16. Ersatzansprüche, die auf den Vorschriften des § 15 beruhen, sind von der Krankenkasse spätestens vierzehn Tage nach dem Beginne der Heilbehandlung oder nach der ersten Anweisung des Krankengeldes oder Hausgeldes bei der Versorgungsbehörde vorläufig anzumelden. Werden sie später angemeldet, so kann für die vor der Anmeldung liegende Zeit Ersatz abgelehnt werden.

§ 17. Streit über Ersatzansprüche zwischen Krankenkassen und Reich wird in dem für die Krankenversicherung vorgesehenen Spruchverfahren entschieden. Die Revision ist hierbei ausgeschlossen. Ist streitig, ob die Krankheit mit einer Gesundheitsstörung zusammenhängt, die als Folge einer Dienstbeschäftigung anerkannt ist, so wird hierüber in dem Spruchverfahren vor den Versorgungsgerichten entschieden.

§ 18. Die Versorgungsbehörden können jederzeit eine neue Heilbehandlung eintreten lassen, wenn zu erwarten ist, daß sie den Gesundheitszustand des Beschädigten bessert.

§ 19. (1) Hat der Beschädigte eine die Heilbehandlung betreffende Anordnung ohne gesetzlichen oder sonst triftigen Grund nicht befolgt und wird dadurch seine Erwerbsfähigkeit ungünstig beeinflußt, so kann ihm die Rente auf Zeit ganz oder teilweise versagt werden, wenn er auf diese Folge schriftlich hingewiesen worden ist.

(2) Zur Duldung von Operationen, die einen erheblichen Eingriff in die körperliche Unversehrtheit bedeuten, kann der Beschädigte nicht gezwungen werden.

§ 20. (1) Wird die Heilbehandlung vom Reiche durchgeführt, so sind dem Beschädigten die durch sie verursachten notwendigen Reisekosten einschließlich der Kosten der Verpflegung und Unterkunft in angemessenem Umfang zu ersetzen. Wird eine Heilanstaltspflege, eine Badekur oder Heilstättenkur ohne triftigen Grund vor Ablauf der bei der Bewilligung bestimmten Dauer abgebrochen, so besteht kein Anspruch auf Ersatz der Reisekosten.

(2) Für die Dauer einer nach § 7 Abs. 1 angeordneten Anpassung

oder Ausbildung werden außer den Reisekosten (Abs. 1) freie Unterkunft, Verpflegung und Ersatz für entgangenen Arbeitsverdienst in angemessenem Umfang gewährt.

(3) Ist ohne behördliche Anordnung ein Hilfsmittel (§ 7) angepaßt, geändert oder ausgebessert worden, so kann auf Verlangen Ersatz der baren Auslagen und Entschädigung für entgangenen Arbeitsverdienst in angemessenem Umfang geleistet werden, wenn die Notwendigkeit der Maßnahme anerkannt wird.

(4) In den Fällen der Abs. 1 und 2 ist gegen die Festsetzung oder die Ablehnung des Ersatzes innerhalb eines Monats nach der Bekanntgabe die Beschwerde (§ 61 des Verfahrensgesetzes) zulässig.

Rente.

§ 24. (1) Der Beschädigte hat Anspruch auf Rente, solange infolge einer Dienstbeschädigung seine Erwerbsfähigkeit um wenigstens 25 vom Hundert gemindert oder seine körperliche Unversehrtheit schwer beeinträchtigt ist.

(2) Außerdem wird dem Beschädigten im Falle des Bedürfnisses eine Zusatzrente (§§ 88 bis 95) gewährt.

§ 25 (1) Die Erwerbsfähigkeit gilt insoweit als gemindert, als der Beschädigte infolge der Beschädigung nicht mehr oder nur unter Aufwendung außergewöhnlicher Tatkraft fähig ist, sich Erwerb durch eine Arbeit zu verschaffen, die ihm unter Berücksichtigung seiner Lebensverhältnisse, Kenntnisse und Fähigkeiten billigerweise zugemutet werden kann.

(2) Die Verdienstverhältnisse bilden keinen Maßstab.

(3) Die schwere Beeinträchtigung der körperlichen Unversehrtheit wird einer Minderung der Erwerbsfähigkeit von 25 bis einschließlich 50 vom Hundert gleichgeachtet, wenn die Erwerbsfähigkeit nicht oder nur in geringerem Maße als um 50 vom Hundert gemindert ist.

§ 27. (1) An Grundrente und Schwerbeschädigtenzulage werden jährlich gewährt:

bei einer Minderung der Erwerbsfähigkeit

	Grundrente	
um 30 v. H.	162 RM,	Schwerbeschädigtenzulage
„ 40 „ „	216 „	
„ 40 „ „	260 „	und 36 RM
„ 60 „ „	324 „	„ 42 „
„ 70 „ „	378 „	„ 54 „
„ 80 „ „	432 „	„ 72 „
„ 90 „ „	486 „	„ 108 „
bei Erwerbsunfähigkeit	540 „	„ 168 „

(2) Die vorstehenden Hundertsätze stellen Durchschnittssätze dar; eine um 5 vom Hundert geringere Minderung der Erwerbsfähigkeit wird von ihnen mit umfaßt.

(3) Wer in seiner Erwerbsfähigkeit um mehr als 90 vom Hundert beeinträchtigt ist, gilt als erwerbsunfähig.

(4) Blinde erhalten stets die Rente eines Erwerbsunfähigen.

(5) Die Vollrente im Sinne dieses Gesetzes besteht aus der Grundrente eines Erwerbsunfähigen (Abs 1) und der Ausgleichszulage (§ 28), soweit sie zu gewähren ist.

§ 30. (1) Für jedes eheliche Kind wird bis zur Vollendung des 15. Lebensjahres dem Beschädigten eine Kinderzulage in Höhe von 20 vom Hundert der nach den §§ 27 Abs. 1 und 28 zustehenden Gebührnissen gewährt.

(2) Den ehelichen Kindern werden gleichgestellt:

1. die für ehelich erklärten Kinder,
2. die an Kindes Statt angenommenen Kinder,
3. die Stiefkinder,
4. die Pflegekinder, wenn sie vor Anerkennung der Folgen der Dienstbeschädigung von dem Beschädigten unentgeltlich unterhalten worden sind,
5. die unehelichen Kinder, wenn sie vor Anerkennung der Folgen der Dienstbeschädigung erzeugt worden sind und die Vaterschaft des Beschädigten glaubhaft gemacht ist.

(3) Für Stief- und Pflegekinder wird die Kinderzulage nur gewährt, solange sie von dem Beschädigten unentgeltlich unterhalten werden. Die Kinderzulage für uneheliche Kinder wird auch auf Antrag des gesetzlichen Vertreters gewährt.

(4) Ist ein Kind bei Vollendung des 15. Lebensjahres infolge körperlicher oder geistiger Gebrechen außerstande, sich selbst zu unterhalten, so kann die Kinderzulage gewährt werden, solange dieser Zustand dauert und der Beschädigte das Kind unentgeltlich unterhält, längstens bis zum Ablauf des Monats, in dem es sich verheiratet. Hat das Kind bei Vollendung des 15 Lebensjahres die Berufsausbildung noch nicht beendet, so kann dem Schwerbeschädigten die Kinderzulage bis zum 21. Jahre gewährt werden.

(5) Wenn für dasselbe Kind mehrere Kinderzulagen nach diesem Gesetz in Betracht kommen, so wird nur die günstigere Kinderzulage gewährt. Ist der Betrag der Kinderzulagen gleich hoch oder sorgt der Beschädigte nicht für das Kind, so bestimmt die Versorgungsbehörde, an wen die Kinderzulage zu zahlen ist.

§ 30 a. Die Gebührnisse von Beschädigten, deren Erwerbsfähigkeit um weniger als 50 vom Hundert gemindert ist, werden um 20 vom Hundert der nach §§ 27 Abs. 1 und 28 zustehenden Gebührnisse gekürzt.

Pflegezulage.

§ 31. (1) Solange der Beschädigte infolge der Dienstbeschädigung so hilflos ist, daß er nicht ohne fremde Wartung und Pflege bestehen kann, wird eine Pflegezulage von 600 Reichsmark jährlich gewährt; ist die Gesundheitsstörung so schwer, daß sie dauerndes Krankenlager oder außergewöhnliche Pflege erfordert, so ist diese

Zulage je nach Lage des Falles unter Berücksichtigung der für die Pflege erforderlichen Anwendungen auf 900, 1200 oder 1500 Reichsmark zu erhöhen. Blinde erhalten in der Regel die Pflegezulage in Höhe von 1200 Reichsmark.

(2) Wird dem Beschädigten Kur und Verpflegung in einer Heilanstalt (Heilanstaltspflege) oder in einer Kuranstalt (Bade-Heilstättenkur) gewährt, so wird die Zahlung der Pflegezulage mit dem auf den Aufnahmetag folgenden Tage eingestellt und am Entlassungstage wieder aufgenommen. In gleicher Weise kann sie ganz oder teilweise eingestellt werden, wenn Hauspflege gewährt wird. Diese Vorschrift gilt nicht für Blinde.

Gebührnisse für das Sterbevierteljahr.

§ 35. (1) Stirbt ein Rentenempfänger, so werden für die auf den Sterbemonat folgenden drei Monate noch die Beträge gezahlt, die dem Verstorbenen nach den §§ 27 bis 31 und 51 zu zahlen gewesen wären.

(2) Bezugsberechtigte sind nacheinander der Ehegatte, die Kinder (§ 30), der Vater, die Mutter, der Großvater, die Großmutter, die Geschwister und Geschwisterkinder, wenn sie mit dem Verstorbenen zur Zeit des Todes in häuslicher Gemeinschaft gelebt haben.

(3) Hat der Verstorbene mit keiner der im Abs. 2 bezeichneten Personen in häuslicher Gemeinschaft gelebt, so bestimmt die Versorgungsbehörde, ob und an wen die Gebührnisse für das Sterbevierteljahr zu zahlen sind.

Hinterbliebenenrente.

§ 36. (1) Ist der Tod die Folge einer Dienstbeschädigung, so wird Hinterbliebenenrente (Witwenrente, Waisenrente, Elternrente) gewährt. Der Tod gilt stets als Folge einer Dienstbeschädigung, wenn ein Rentenempfänger an einem Leiden stirbt, das als Folge einer Dienstbeschädigung anerkannt war und für das er bis zum Tode Rente bezogen hat.

(2) Außerdem wird den Hinterbliebenen im Falle des Bedürfnisses eine Zusatzrente (§§ 88 bis 95) gewährt.

(3) Keinen Anspruch auf Witwenrente hat die Witwe, wenn der Verstorbene die Ehe erst nach dem Ausscheiden aus dem Militärdienste und nach dem 6. Juni 1931 geschlossen hat.

§ 37. (1) Die Witwe erhält 50 vom Hundert der Vollrente, die dem Verstorbenen im Falle der Erwerbsfähigkeit bei Lebzeiten zustehen würde (Witwenrente).

(2) Die Witwe erhält 60 vom Hundert, solange sie erwerbsfähig ist oder sobald sie das 50. Lebensjahr vollendet hat.

(3) Als erwerbsunfähig gilt die Witwe, die infolge körperlicher oder geistiger Gebrechen nicht nur vorübergehend außerstande ist, durch eine Tätigkeit die ihr unter Berücksichtigung ihrer Lebensverhältnisse, Kenntnisse und Fähigkeiten zugemutet werden kann, ein Drit-

tel dessen zu erwerben, das gesunde Frauen derselben Art mit ähnlicher Ausbildung in derselben Gegend durch Arbeit zu verdienen pflegen.

§ 38. Im Falle der Scheidung oder der Aufhebung der ehelichen Gemeinschaft erhält die frühere Ehefrau des Verstorbenen Witwenrente (§ 37), wenn der Verstorbene allein für schuldig erklärt oder wenn die Ehe wegen Geisteskrankheit des Vorstorbenen geschieden worden ist.

§ 41. (1) Ist der Tod die Folge einer Dienstbeschädigung, so erhalten die ehelichen Kinder des Verstorbenen bis zur Vollendung des 15. Lebensjahres Waisenrente.

(2) Den ehelichen Kindern werden gleichgestellt:

1. die für ehelich erklärten Kinder,
5. die unehelichen Kinder, wenn die Vaterschaft des Verstorbenen glaubhaft gemacht ist.

(3) Ist ein Kind bei Vollendung des 15. Lebensjahres infolge körperlicher oder geistiger Gebrechen außerstande, sich selbst zu unterhalten, so kann die Waisenrente gewährt werden, solange dieser Zustand dauert, längstens bis zum Ablauf des Monats, in dem es sich verheiratet. Hat das Kind bei Vollendung des 15. Lebensjahres die Berufsausbildung noch nicht beendet, so kann die Waisenrente bis zum vollendeten 21. Jahre gewährt werden.

(4) Wenn für dieselbe Waise mehrere Waisenrenten nach diesem Gesetz in Betracht kommen, so wird nur die günstigere Waisenrente gewährt.

(5) Die Waisenrente beträgt für jedes Kind, dessen Vater oder Mutter noch lebt, 25 vom Hundert, für jedes Kind, dessen Eltern nicht mehr leben, 40 vom Hundert der Vollrente des Verstorbenen.

§ 50. (1) Ist eine Person, deren Hinterbliebenen eine Rente zustehen würde, verschollen, so kann ihnen die Rente auch schon vor der Todeserklärung gewährt werden, wenn das Ableben des Verschollenen mit hoher Wahrscheinlichkeit anzunehmen ist. Die Zahlung beginnt frühestens mit dem Monat, der auf den mutmaßlichen Todestag folgt.

(2) Die Rentenzahlung hört mit dem Ablauf des Monats auf, in dem nachgewiesen wird, daß der Totgeglaubte noch lebt.

§ 51. (1) Hat ein Rentenempfänger seinen Wohnsitz im Deutschen Reiche an einem Ort der Sonderklasse oder der Ortsklassen A, B, C, so erhält er zu seinen Versorgungsgebührnissen eine Ortszulage.

(2) Diese beträgt an einem Orte

der Sonderklasse	24 vom Hundert
der Ortsklasse A	18 vom Hundert
der Ortsklasse B	12 vom Hundert
der Ortsklasse C	6 vom Hundert

der nach den §§ 27 bis 30a, 32, 37 bis 50 zu gewährenden Gebührnisse.

(3) Für die Einstufung der Orte in die einzelnen Ortsklassen ist das für die Besoldung der Reichsbeamten geltende Ortsklassenverzeichnis maßgebend.

(4) Besteht der Wohnsitz gleichzeitig an mehreren Orten verschiedener Ortsklassen, so ist die höhere Ortsklasse maßgebend.

(6) Hat der Rentenempfänger seinen Wohnsitz im Ausland, so kann ihm eine Ortszulage entsprechend den Vorschriften der Abs. 1 bis 5 gewährt werden.

(7) Für erwerbsunfähige Beschädigte (§ 27 Abs. 3) gelten jedoch, wie bisher, die Vorschriften des § 51 in der Fassung vom 22. Dezember 1927 (RGBl. I S. 515) [1])

[1]) D. h. die Zulage beträgt an einem Orte der Sonderklasse 30 vom Hundert, der Ortsklasse A, B, C, D 25 bzw. 22 bzw. 18 bzw. 14 vom Hundert, bei Rentenempfängern ohne Wohnsitz 14 vom Hundert.

Beginn, Änderung und Aufhören der Versorgung.

§ 55. (1) Die Zahlung der Rente beginnt, wenn der Anspruch auf Versorgung vor dem Ausscheiden aus dem Militärdienst angemeldet worden ist, mit dem Ablauf des Monats, für den Besoldungsgebührnisse zuletzt zugestanden haben. Stehen dem Versorgungsberechtigten für die auf den Monat des Ausscheidens folgende Zeit Besoldungsgebührnisse zu, deren Betrag geringer ist als die Rente, so wird ihm der Unterschied vergütet.

(2) Ist der Anspruch erst nach dem Ausscheiden aus dem Dienste angemeldet worden, so beginnt die Zahlung mit dem Monat, in dem die Voraussetzungen für die Gewährung der Rente erfüllt sind, frühestens mit dem Monat, in dem die Anmeldung erfolgt ist. Das gleiche gilt bei Anmeldung eines höheren Anspruchs.

(3) Eine Minderung oder Entziehung der Rente tritt mit dem Ablauf des Monats ein, der auf die Zustellung des die Veränderung aussprechenden Bescheids folgt, bei Kinder- und Ortszulage mit dem Ablauf des Monats, in dem die Voraussetzungen weggefallen sind.

(4) Die Heilbehandlung (§§ 4 bis 20) und die berufliche Ausbildung (§ 21) beginnen bei Anmeldung vor dem Ausscheiden aus dem Dienste mit dem Tage des Ausscheidens, bei Anmeldung nach dem Ausscheiden aus dem Dienste mit dem Tage, an dem die Bedingungen für die Gewährung der Heilbehandlung oder der beruflichen Ausbildung erfüllt sind, frühestens mit dem Tage der Anmeldung.

§ 56. (1) Die Zahlung der Hinterbliebenenrente beginnt frühestens mit dem auf den Sterbetag folgenden Monat, wenn jedoch Gebührnisse für das Sterbevierteljahr nicht gezahlt werden, mit dem auf den Sterbetag folgende Tage.

(2) Wird ein Anspruch auf Hinterbliebenenrente erst nach Ablauf eines Jahres nach dem Tode geltend gemacht, so beginnt die Zah-

lung mit dem Monat, in dem die Voraussetzungen für die Gewährung der Rente erfüllt sind, frühestens mit dem Monat, in dem die Anmeldung erfolgt ist.

(3) Für die nach dem Tode ihres Vaters geborenen Waisen beginnt die Zahlung der Rente, wenn der Anspruch innerhalb eines Jahres nach der Geburt geltend gemacht worden ist, mit dem Monat der Geburt, sonst mit dem Monat, in dem die Anmeldung erfolgt ist.

(4) Eine Erhöhung der Hinterbliebenenrente beginnt mit dem Monat, in dem der Antrag auf Erhöhung gestellt wird. Eine Minderung oder Entziehung der Hinterbliebenenrente tritt mit dem Ablauf des Monats ein, in dem die Voraussetzungen für die bis dahin gewährten Bezüge weggefallen sind. Die nach diesem Zeitpunkt gezahlten Hinterbliebenengebührnisse sollen nur zurückgefordert werden, wenn der Versorgungsberechtigte eine wesentliche Veränderung der für den Bezug der Gebührnisse maßgebenden Verhältnisse absichtlich verschwiegen hat, obwohl er von der Versorgungsbehörde auf die Pflicht zur Anzeige hingewiesen worden war.

(5) Sind Gebührnisse für das Sterbevierteljahr gewährt, so werden sie auf die für den gleichen Zeitraum zu zahlende Hinterbliebenenrente angerechnet. Übersteigt der Gesamtbetrag der für das Sterbevierteljahr zustehenden Hinterbliebenenrente die Gebühr für das Sterbevierteljahr, so bestimmen die Versorgungsbehörden endgültig, an wen der Mehrbetrag zu zahlen ist.

§ 57. (1) Die Versorgungsgebührnisse werden neu festgestellt, wenn in den Verhältnissen, die für die Feststellung maßgebend gewesen sind, eine wesentliche Veränderung eintritt.

(2) Die Grundrente und die Schwerbeschädigtenzulage dürfen nicht vor Ablauf von zwei Jahren nach Zustellung des Feststellungsbescheids gemindert oder entzogen werden. Ist durch eine Heilbehandlung oder durch eine berufliche Ausbildung eine wesentliche und nachhaltige Besserung der Erwerbsfähigkeit erreicht worden, so kann eine neue Feststellung schon früher erfolgen.

§ 58. Die Rente kann entzogen werden, wenn ein Rentenempfänger ohne triftigen Grund einer schriftlichen Aufforderung zum Erscheinen einer ärztlichen Untersuchung nicht nachkommt oder sich weigert, die zur Durchführung des Verfahrens von ihm geforderten Angaben zu machen, obwohl er auf diese Folge schriftlich hingewiesen worden ist. Die Rente ist auf Antrag wieder zu gewähren, wenn der Rentenempfänger seine Weigerung aufgibt. Eine Nachzahlung für die Zeit der Entziehung, die mindestens einen Monat betragen soll, erfolgt jedoch nicht.

§ 61 (1) Die Versorgung ruht:

1 für die Dauer der Wiederverwendung im aktiven Militärdienst;

2 solange der Versorgungsberechtigte nicht Reichsangehöriger ist; jedoch kann Ausländern oder Staatenlosen, die in der deutschen

Wehrmacht Dienst geleistet haben und hierdurch nach diesem Gesetze versorgungsberechtigt geworden sind, und ihren Hinterbliebenen sowie den nicht reichsangehörigen Hinterbliebenen eines Deutschen Versorgung bewilligt werden;

3. wenn gegen den Versorgungsberechtigten wegen Hochverrats, Landesverrats, Kriegsverrats oder wegen Verrats militärischer Geheimnisse die öffentliche Klage erhoben worden ist, solange der Aufenthalt des Versorgungsberechtigten unbekannt ist. Die einbehaltenen Versorgungsgebührnisse werden ausgezahlt, wenn das Verfahren gegen den Versorgungsberechtigten rechtskräftig eingestellt oder er rechtskräftig außer Verfolgung gesetzt, freigesprochen oder zu geringerer als Zuchthausstrafe verurteilt worden ist;
4. bei rechtskräftiger Beurteilung zu Zuchthausstrafe wegen Hochverrats, Landesverrats, Kriegsverrats oder wegen Verrats militärischer Geheimnisse;
5. solange der Versorgungsberechtigte eine Freiheitsstrafe von wenigstens drei Monaten verbüßt oder in Sicherungsverwahrung untergebracht ist. Die Unterhaltskosten für den Blindenführerhund (§ 7 Abs. 4) ruhen jedoch nicht. Körperersatzstücke, orthopädische und andere Hilfsmittel (§ 5 Abs. 1), werden weitergewährt und instandgesetzt.

(2) In den Fällen der Nrn. 3, 4 und 5 können den Angehörigen, deren Ernährer der Versorgungsberechtigte gewesen ist, bei Bedürftigkeit die Versorgungsgebührnisse ganz oder teilweise überwiesen werden, soweit sie nicht zwei Drittel der Rente übersteigen, die der Beschädigte bei Erwerbsunfähigkeit beziehen würde. Hat der Versorgungsberechtigte eine Zusatzrente (§§ 88 bis 95) bezogen, so kann auch die Hälfte dieser Zusatzrente sowie die ganze für die Kinder bewilligte Zusatzrente mit der entsprechenden Teuerungszulage an diese Angehörigen weitergezahlt werden. Werden die Rente und die Zusatzrente nur für Kinder überwiesen, so dürfen diese nicht mehr erhalten, als wenn sie Vollwaisen wären.

§ 62. (1) Hat ein Versorgungsberechtigter neben den Versorgungsgebührnissen ein Einkommen aus einer Verwendung im öffentlichen Dienst, so ruhen die Versorgungsgebührnisse in Höhe der Hälfte des Betrages, um den dieses Einkommen 210 Reichsmark monatlich übersteigt. Dem Versorgungsberechtigten bleiben jedoch mindestens drei Zehntel der nach den §§ 27, 28, 37 bis 50 und 51 zu gewährenden Gebührnisse. Wird für eine Waise ein Kinderzuschlag (Kinderbeihilfe) gewährt, so rechnet er zum Waisengeld.

(2) Einkommen aus einer Verwendung im öffentlichen Dienst sind auch die auf Grund einer solchen Verwendung gewährten Wartegelder, Ruhegelder oder ruhegeldähnlichen Versorgungsbezüge und Hinterbliebenenbezüge. § 57 Nr. 2 Abs. 2 des Reichsbeamtengesetzes findet entsprechende Anwendung.

(3) Bei der Einkommensgrenze sind die nach dem Einkommen-

steuergesetze zulässigen Abzüge, Werbungskosten, Ermäßigungen usw. sowie die zum 1. Februar und 1. Juli 1931 angeordneten Gehaltskürzungen entsprechend berücksichtigt.

(4) Der Reichsarbeitsminister wird ermächtigt, im Einvernehmen mit dem Reichsminister der Finanzen die Einkommensgrenze zur Anpassung an die Veränderungen der allgemeinen Wirtschaftslage neu festzusetzen.

(5) Auf die Empfänger einer Pflegezulage (§ 31) finden diese Vorschriften keine Anwendung.

(6) Für erwerbsunfähige Beschädigte (§ 27 Abs. 3) gelten, wie bisher, die Vorschriften des § 62 in der Fassung vom 22. Dezember 1927 (RGBl. I S. 515) unter Berücksichtigung der Verordnung zur Änderung der Einkommensgrenzen im § 62 des Reichsversorgungsgesetzes vom 17. März 1931 (RGBl. I S. 68).

§ 63. Das Recht des Beschädigten auf Versorgungsgebührnisse ruht:

1. neben einer Unfallrente der Reichsversicherung in Höhe dieser Rente, wenn beide Renten durch dieselbe Gesundheitsstörung bedingt sind, und die der Unfallrente zugrunde gelegte Minderung der Erwerbsfähigkeit bei Feststellung der Minderung der Erwerbsfähigkeit im Sinne dieses Gesetzes in vollem Umfange einbezogen worden ist;
2. neben Versorgungsgebührnissen, die aus einem anderen Militärversorgungsgesetze gezahlt werden, in Höhe dieser Gebührnisse;
3. neben einer Pension, die an einen pensionierten Beamten der Wehrmacht aus einem Beamtengesetze gezahlt wird, in Höhe dieser Pension; dies gilt nicht für die Beamten des Beurlaubtenstandes und die im § 107 aufgeführten Personen. Die Versorgungsgebührnisse ruhen jedoch nicht, wenn bis zur Versetzung in den Ruhestand Versorgungsgebührnisse zu zahlen waren.

§ 64. Das Recht auf Witwenrente oder Waisenrente ruht:

1. neben einer Witwen- oder Waisenrente der Reichsunfallversicherung in Höhe dieser Witwen- oder Waisenrente;
2. neben einem Witwen- oder Waisengelde, das aus einem anderen Militärversorgungsgesetze gezahlt wird, in Höhe dieser Gebührnisse;
3. neben einem Witwen- oder Waisengelde, das an Hinterbliebene eines Beamten der Wehrmacht an einem Beamtengesetze gezahlt wird, in Höhe dieser Gebührnisse; dies gilt nicht für die Hinterbliebenen der Beamten des Beurlaubtenstandes und der im § 107 aufgeführten Personen.

§ 66. (1) Tritt das Ruhen des Rechtes auf Versorgungsgebührnisse nach den §§ 61 bis 65 im Laufe eines Monats ein, so wird die Zahlung mit dem Ende des Monats eingestellt, tritt es am ersten

Tage eines Monats ein, so hört die Zahlung mit dem Beginne des Monats auf.

(2) Lebt das Recht auf Versorgungsgebührnisse nach den §§ 61 bis 65 wieder auf, so hebt die Zahlung mit dem Beginne des Monats an. Fällt das Ergebnis, welches das Wiederaufleben des Rechtes auf Versorgungsgebührnisse bedingt, auf den letzten Tag eines Monats, so hebt die Zahlung mit dem Beginne des nächsten Monats an.

Zahlung.

§ 67. (1) Die Versorgungsgebührnisse werden in Monatsbeträgen zuerkannt und monatlich im voraus gezahlt. Der Reichsarbeitsminister bestimmt im Einvernehmen mit dem Reichsminister der Finanzen, wie die Versorgungsgebührnisse abzurunden sind; er kann für Monatsbeträge bis zu zehn Reichsmark eine andere Zahlungsart anordnen.

(2) Wenn im Ausland zu zahlende Versorgungsgebührnisse dort für den Versorgungsberechtigten keine nennenswerte wirtschaftliche Bedeutung haben, kann die Auszahlung unterbleiben, sofern nicht ein Empfangsberechtigter im Inland benannt wird. Die Beträge sind für die soziale Fürsorge im Ausland zu verwenden.

(3) Hausgeld wird tageweise zuerkannt und mit Ablauf jeder Woche gezahlt. Die Gebührnisse für das Sterbevierteljahr können auf einmal gezahlt werden.

Übertragung, Verpfändung und Pfändung.

§ 68. (1) Der Anspruch auf Versorgungsgebührnisse kann übertragen, verpfändet und gepfändet werden nur:

1. wegen eines Darlehns oder Vorschusses, die dem Versorgungsberechtigten auf seine Ansprüche von einer Hauptfürsorgestelle oder Fürsorgestelle der Kriegsbeschädigten- und Kriegshinterbliebenenfürsorge, von Gemeinden und Armenverbänden sowie von solchen gemeinnützigen Einrichtungen gewährt werden, denen von der Landeszentralbehörde die Genehmigung zur Gewährung von Darlehen und Vorschüssen erteilt ist;
2. wegen eines Anspruchs auf Erfüllung einer gesetzlichen Unterhaltspflicht;
3. wegen eines Anspruchs des Reichs auf Rückzahlung zu Unrecht empfangener Versorgungsgebührnisse und wegen des Anspruchs einer Krankenkasse auf Rückzahlung zu Unrecht empfangenen Krankengeldes (§ 12) und Hausgeldes (§ 13);
4. wegen eines Anspruchs einer öffentlich-rechtlichen Körperschaft auf Rückzahlung einer nach gesetzlicher Verpflichtung gewährten Leistung.

(2) Mit Genehmigung der Hauptfürsorgestelle der Kriegsbeschädigten- und Kriegshinterbliebenenfürsorge kann der Versorgungsberechtigte auch, abgesehen von den Vorschriften des Abs. 1, den An-

spruch auf Versorgungsgebührnisse ganz oder zum Teil auf andere übertragen.

§ 69. (1) In den Fällen des § 68 Nr. 1 und 4 ist die Übertragung, Verpfändung und Pfändung vor der Anweisung der Versorgungsgebührnisse unbegrenzt, nach der Anweisung nur bis zum halben Betrage der angewiesenen Gebührnisse zulässig.

(2) Der Ersatzanspruch der Hauptfürsorgestellen oder Fürsorgestellen der Kriegsbeschädigten- und Kriegshinterbliebenenfürsorge geht den gleichen Ansprüchen anderer Berechtigter vor, es sei denn, daß sie vor dem Entstehen ihres Anspruchs den Anspruch eines anderen Berechtigten gekannt haben.

§ 70. In den Fällen des § 68 Nr. 2 ist die Übertragung, Verpfändung und Pfändung insoweit unzulässig, als der Versorgungsberechtigte der Gebührnisse zur Bestreitung seines Unterhalts oder zur Erfüllung einer ihm sonst gesetzlich obliegenden vorgehenden oder gleichstehenden Unterhaltspflicht bedarf.

§ 71. In den Fällen des § 68 Nr. 3 ist die Pfändung nur dem Versorgungsberechtigten gegenüber zulässig, an den die Versorgungsgebührnisse zu Unrecht gezahlt worden sind.

§ 71 a. (1) Ist ein Versorgungsberechtigter oder ein Kind, für das Kinderzulage zu gewähren ist, in Fürsorgeerziehung oder auf strafgerichtliche Anordnung in eine Heil- oder Pflegeanstalt oder in einer Entziehungsanstalt oder einem Arbeitshaus oder einem Asyl untergebracht, so geht der Anspruch auf Versorgungsgebührnisse oder auf Kinderzulage, soweit solche für die Zeit der Unterbringung zustehen, bis zur Höhe der Kosten der Unterbringung auf die Stelle über, der diese Kosten zur Last fallen.

(2) § 61 Abs. 2 gilt entsprechend; soweit hiernach die Verwaltungsbehörde der Reichsversorgung die Versorgungsgebührnisse Angehörigen überweist, findet ein Rechtsübergang nicht statt. Für Beginn und Ende des Rechtsübergangs gilt § 66 entsprechend.

Schadenersatz.

§ 86. (1) Die nach diesem Gesetze versorgungsberechtigten Personen haben aus dem Grunde einer Dienstbeschädigung gegen das Reich nur die auf diesem Gesetze beruhenden Ansprüche. Unberührt bleiben jedoch die Ansprüche aus dem Reichshaftpflichtgesetze vom 7. Juni 1871 (RGBl. S. 207).

(2) Soweit den Versorgungsberechtigten ein gesetzlicher Anspruch auf Ersatz des ihnen durch die Dienstbeschädigung verursachten Schadens gegen Dritte zusteht, geht dieser Anspruch im Umfang der durch dieses Gesetz begründeten Pflicht zur Gewährung von Versorgungsgebührnissen auf das Reich über.

Teuerungszulage.

§ 87. (1) Zur Anpassung der Versorgungsgebührnisse an die jeweilige Wirtschaftslage wird eine Teuerungszulage zu den Versorgungsgebührnissen gewährt, deren Ausmaß sich nach den Veränderungen der Bezüge der Beamten richtet. Die Anpassung erfolgt gleichzeitig mit der Änderung für die Reichsbeamten. Der Reichsarbeitsminister setzt im Benehmen mit dem Reichsminister der Finanzen den Hundertsatz fest.

(2) Bei einer Änderung der Grundgehälter der Beamten hat der Reichsarbeitsminister im Einvernehmen mit dem Reichsminister der Finanzen auch die Grundbeträge der Versorgungsgebührnisse entsprechend zu ändern.

Ausschluß der Anrechnung von Versorgungsgebührnissen auf das Arbeitsentgelt.

§ 98. (1) Bei der Bemessung des Arbeitsentgelts von Beschäftigten, die Versorgungsgebührnisse nach diesem Gesetze oder einem anderen Militärversorgungsgesetze (Renten, Invalidenpension, Verstümmelungs-, Kriegs- oder anderen Zulagen, Kriegswitwen- oder Kriegswaisengeld, Kriegselterngeld) empfangen, dürfen diese Gebührnisse nicht zum Nachteil der Beschäftigten berücksichtigt werden, insbesondere ist es unzulässig, die Versorgungsgebührnisse ganz oder teilweise auf das Entgelt anzurechnen.

(2) Die Pensionen der ehemaligen Offiziere des Friedensstandes, Deckoffiziere der Marine und Beamten der Wehrmacht, werden durch die Vorschrift des Abs. 1 nicht berührt.

b) Aus dem Gesetz über Änderungen auf dem Gebiete der Reichsversorgung.

Vom 3. Juli 1934 (RGBl. I S. 541).

Artikel 2.

§ 1.

Beschädigte, die Heilbehandlung nur auf Grund des Reichsversorgungsgesetzes erhalten, sind von der Verpflichtung, den Betrag für das Verordnungsblatt und die Gebühr für den Krankenschein (§§ 182 a, 187 b der Reichsversicherungsordnung) zu entrichten, befreit, wenn sie Rente (§ 27 des Reichsversorgungsgesetzes) beziehen oder arbeitslos sind.

§ 2.

Den Trägern orthopädischen Schuhwerks werden Schuhe für den nicht beschädigten Fuß, den Handamputierten oder Handverletzten Handschuhe für die nicht beschädigte Hand kostenfrei mitgeliefert.

Artikel 3.

§ 1.

Die Witwenrente (§ 37 des Reichsversorgungsgesetzes) beträgt 60 vom Hundert der Vollrente, die dem Verstorbenen im Falle der Erwerbsunfähigkeit bei Lebzeiten zustehen würde (§ 27 Abs. 5 des Reichsversorgungsgesetzes).

Artikel 4.

§ 1.

Die zusätzliche Versorgung der Schwerbeschädigten, der Witwen und Waisen, die im wesentlichen nur auf ihre Versorgungsgebührnisse angewiesen sind, soll fortschreitend vereinheitlicht werden.

§ 2.

Beschädigte, die eine Rente von mindestens 50 vom Hundert der Vollrente beziehen, sowie Empfänger von Hausgeld, Übergangsgeld, Waisen- oder Witwenrente (§§ 13, 27, 32, 37, 41, 97 des Reichsversorgungsgesetzes), erhalten im Falle des Bedürfnisses nach Maßgabe der §§ 3, 4 eine Zusatzrente.

§ 3.

Die Zusatzrente beträgt jährlich

I. für Schwerbeschädigte bei einer Minderung der Erwerbsfähigkeit

<table>
<tr><td>um 50 bis 60 vom Hundert 144 Reichsmark</td><td rowspan="4">dazu für jedes Kind, für das der Versorgungsberechtigte sorgt und für das er Kinderzulage (§ 30 des Reichsversorgungsgesetzes erhält, 108 RM</td></tr>
<tr><td>um 70 bis 80 vom Hundert 300 Reichsmark</td></tr>
<tr><td>um mehr als 80 vom Hundert 504 Reichsmark</td></tr>
<tr><td>für Empfänger von Hausgeld oder Übergangsgeld . . . . . 300 Reichsmark</td></tr>
</table>

II. für rentenberechtigte Witwen oder Witwer 408 Reichsmark
für rentenberechtigte vaterlose Waisen . . 120 Reichsmark
für rentenberechtigte elternlose Waisen . . 180 Reichsmark.

§ 4.

Empfänger einer Pflegezulage (§ 31 des Reichsversorgungsgesetzes) in Höhe von mindestens 900 Reichsmark jährlich, deren Roheinkommen neben den Versorgungsgebührnissen den im § 62 Abs. 3 des Reichsversorgungsgesetzes festgesetzten Betrag nicht übersteigt, erhalten ohne weitere Prüfung die halbe Zusatzrente.

Artikel 7.

§ 1.

Die Offiziere des Friedensstandes, die Deckoffiziere und die Beamten der Wehrmacht sowie die infolge der Mobilmachung wieder verwendeten ruhegeldberechtigten Offiziere, Deckoffiziere und Beamten der Wehrmacht, deren Versorgungsanspruch sich auf eine nach dem 31. Juli 1914 und vor dem 1. Januar 1921 beendete Dienstleistung gründet, können mit Zustimmung des Versorgungsamtes zwischen der Versorgung nach dem Reichsversorgungsgesetz und den früheren Versorgungsgesetzen wählen. Die Zahlung beginnt frühestens mit dem Monat, in dem das Versorgungsamt der Wahl zugestimmt hat.

c) Aus der Dritten Verordnung des Reichspräsidenten zur Sicherung von Wirtschaft und Finanzen. Vom 6. Oktober 1931 (RGBl. I S. 537), in der Fassung vom 30. Juni 1933 (RGBl. I S. 433).

Dritter Teil.

Kapitel V (Pensionskürzung).

Abschnitt I.

§ 10.

(1) Das Recht auf den Bezug von Wartegeld, Ruhegeld, Übergangsgeld oder Ruherente nach dem Reichsministergesetz, Hinterbliebenenbezügen, Kinderzuschlägen und Frauenzuschlag sowie von laufenden Versorgungsgebührnissen nach dem Wehrmachtversorgungsgesetz ruht, solange der Bezugsberechtigte ohne Zustimmung der obersten Reichsbehörde seinen Wohnsitz oder dauernden Aufenthalt außerhalb des Deutschen Reiches hat. Das gleiche gilt für Bezüge nach dem Reichsversorgungsgesetze, dem Altrentnergesetze, dem sonstigen Militärversorgungsgesetze, dem Kriegspersonenschädengesetze, dem Gesetze über die Versorgung der Polizeibeamten beim Reichswasserschutz und dem Reichsgesetze über die Schutzpolizei der Länder, ferner für das Diensteinkommen der Beamten, die unter Belassung des vollen Gehalts vom Amte enthoben oder von ihren amtlichen Verpflichtungen entbunden sind.

(2) Der Bezugsberechtigte ist verpflichtet, der die Bezüge zahlenden Kasse — Wartestandsbeamte auch der vorgesetzten Behörde — die Verlegung des Wohnsitzes oder des dauernden Aufenthaltes außerhalb des Deutschen Reiches unverzüglich anzuzeigen.

Abschnitt II.

§ 10.

Bezieht ein Versorgungsberechtigter neben Bezügen nach dem Reichsversorgungsgesetz ein Anrechnungseinkommen (§ 1) oder ein Einkommen aus einer Verwendung im öffentlichen Dienst im Sinne der Ruhensvorschriften, so gelten §§ 3 bis 6 entsprechend.

§ 11.

(1) Jeder Ruhegehaltsempfänger, der ein Anrechnungseinkommen (§ 1) bezieht, ist nach Maßgabe der Ausführungsbestimmungen verpflichtet, innerhalb eines Monats der das Ruhegehalt regelnden Behörde oder der das Ruhegehalt zahlenden Kasse den Bezug eines solchen Einkommens sowie spätere Erhöhungen dieses Einkommens anzuzeigen.

(2) Abs. 1 gilt entsprechend für Witwen und Waisen (§ 7) und für Versorgungsberechtigte (§ 10).

d) Aus dem Gesetz zur Änderung von Vorschriften auf dem Gebiete des allgemeinen Beamten-, des Besoldungs- und des Versorgungsrechts.

Vom 30. Juni 1933 (RGBl. I S. 433).

Kapitel XII.

Änderung versorgungsberechtlicher Vorschriften.

§ 75.

(1) Das Recht auf den Bezug von Wartegeld, Ruhegeld und Hinterbliebenenbezügen ruht, wenn der Bezugsberechtigte nach Feststellung der obersten Reichsbehörde sich im marxistischen Sinne betätigt. Wie lange die Versorgungsbezüge aus diesem Grunde ruhen, entscheidet die oberste Reichsbehörde. Die Entscheidung ist für die Gerichte bindend.

(2) Das gleiche gilt für laufende Versorgungsgebührnisse nach dem Wehrmachtversorgungsgesetze, für Bezüge nach dem Reichsversorgungsgesetze, dem Altrentnergesetze, den sonstigen Militärversorgungsgesetzen, dem Kriegspersonenschädengesetze, dem Gesetze über die Versorgung der Polizeibeamten beim Reichswasserschutz und dem Reichsgesetze über die Schutzpolizei der Länder, ferner für das Diensteinkommen der Beamten, die unter Belassung des vollen Gehalts vom Amte enthoben oder von ihren amtlichen Verpflichtungen entbunden sind, sowie für das Übergangsgeld und die Ruherente nach dem Reichsministergesetze.

7. Aus der Verordnung über die Fürsorgepflicht.

Vom 13. Februar 1924 (RGBl. I S. 100).

in der Fassung der Verordnungen vom 5. Juni 1931 (RGBl. I S. 279, 305), sowie vom 19. Oktober 1932 (RGBl. I S. 499) sowie des Gesetzes vom 29. April 1935 (RGBl. I S. 565).

§ 3 (Abs. 2 Satz 1).

Das Land regelt im Rahmen der reichsrechtlichen Vorschriften Verfahren, Beschwerde und Aufsicht.

§ 3a (Abs. 2 Satz 1).

Gegen Ablehnung der Fürsorge sowie gegen Festsetzung ihrer Art und Höhe muß der Einspruch zugelassen werden.

(Abs. 4.)

In dem Einspruchsverfahren ergehende Bescheide sind schriftlich zu erteilen und mit Gründen zu versehen. Gegen die Entscheidung auf den Einspruch muß die Beschwerde zugelassen werden.

§ 6 (Abs. 2 Satz 1).

Für die Bemessung des notwendigen Lebensunterhalts der Hilfsbedürftigen sind den örtlichen Verhältnissen angepaßte Richtsätze festzusetzen.

§ 21 a.

Der Fürsorgeverband, der auf Grund dieser Verordnung einen Hilfsbedürftigen unterstützt hat, kann, wenn der Hilfsbedürftige für die Zeit der Unterstützung Rechtsansprüche gegen einen Dritten auf Leistungen zur Deckung des Lebensbedarfs hat, durch schriftliche Anzeige an den Dritten bewirken, daß diese Rechtsansprüche zum Ersatz auf ihn übergehen. Dies gilt auch dann, wenn der Anspruch nicht von der Bedürftigkeit des Unterstützten abhängt. Der Fürsorgeverband soll den Übergang von Rechtsansprüchen nur insoweit bewirken, als es zum Ersatz seiner Aufwendungen erforderlich ist. Der Übergang wird nicht dadurch ausgeschlossen, daß der Anspruch der Pfändung nicht unterworfen ist.

Der Fürsorgeverband kann einen nach bürgerlichem Recht Unterhaltspflichtigen für die Vergangenheit außer unter den Voraussetzungen des § 1613 des Bürgerlichen Gesetzbuches auch in Anspruch nehmen, wenn er dem Unterhaltspflichtigen von der Gewährung der Fürsorge unverzüglich schriftliche Mitteilung gemacht hat.

Abs. 1 und 2 gelten auch dann, wenn der Fürsorgeverband einen Erstattungsanspruch gegenüber einem anderen Fürsorgeverband hat.

§ 21 b.

Wird ein Geisteskranker aus Gründen der öffentlichen Sicherheit in einer Anstalt untergebracht, so hat im Verhältnis zur Polizei die öffentliche Fürsorge die Kosten des Anstaltsaufenthalts zu tragen, wenn der Geisteskranke den Kostenbedarf nicht oder nicht ausreichend aus eigenen Kräften und Mitteln beschaffen kann und ihn auch nicht von anderer Seite, insbesondere von Angehörigen, erhält. Unberührt bleiben die Bestimmungen über die Tragung der Kosten, die durch den Vollzug der Unterbringung in einer Heil- oder Pflegeanstalt auf Grund des § 42 b des Strafgesetzbuches erwachsen.

§ 22.

Hat ein Unterstützter Vermögen, dessen vorherige Verwertung infolge gesetzlicher Vorschrift nicht verlangt worden ist, oder Einkommen, das infolge gesetzlicher Vorschrift bei der Festsetzung der Unterstützung außer Ansatz geblieben ist, so kann hieraus ein nach bürgerlichem Recht Unterhaltspflichtiger dem Fürsorgeverband die Einwendung, daß der Unterstützte nicht außerstande war, sich selbst zu unterhalten (§ 1602 des Bürgerlichen Gesetzbuchs) nicht entgegensetzen, wenn das Verlangen, Unterhalt zu gewähren, bei Berücksichtigung der sonstigen Verpflichtungen des Unterhaltspflichtigen keine unbillige Härte darstellt.

§ 23.

Der nach bürgerlichem Recht Unterhaltspflichtige kann auf Antrag des vorläufig oder endgültig verpflichteten Fürsorgeverbandes im Verwaltungsweg zum Kostenersatz und zur Erfüllung der Unterhaltspflicht angehalten werden. Als unterhaltspflichtig im Sinne dieser Vorschrift gilt der Vater des unehelichen Kindes nur, wenn er seine Vaterschaft nach § 1718 des Bürgerlichen Gesetzbuchs anerkannt hat, oder wenn seine Unterhaltspflicht in einem vollstreckbaren Titel festgestellt ist.

Bestreitet der Unterhaltspflichtige seine Unterhaltspflicht, so kann die Verwaltungsbehörde vorbehaltlich des ordentlichen Rechtswegs die Unterhaltspflicht im Verwaltungsweg feststellen. Die örtliche Zuständigkeit richtet sich nach dem Sitze des Fürsorgeverbandes. Die Entscheidung ist vorläufig vollstreckbar. Wird eine Entscheidung im ordentlichen Rechtsweg aufgehoben oder abgeändert, so ist der Fürsorgeverband zum Ersatz des Schadens verpflichtet, der dem in Anspruch genommenen durch die Vollstreckung der Entscheidung oder durch eine zur Abwendung der Vollstreckung gemachte Leistung entstanden ist. Zur Durchführung des Verwaltungsverfahrens haben sich Verwaltungsbehörden und Gerichte Amtshilfe zu leisten. Im übrigen bestimmt das Verfahren das Land.

In den Entscheidungen können Teilzahlungen festgesetzt werden; bei wesentlicher Änderung der Verhältnisse können die Zahlungen anderweit festgesetzt oder erlassen werden.

§ 27.

Die Verwaltungsbehörden sind verpflichtet, den im Vollzuge dieser Verordnung an sie ergehenden Ersuchen der Fürsorgestellen (§ 3) zu entsprechen. Diese Amtshilfe haben auch die Fürsorgestellen einander sowie die Organe der Versicherungsträger zu leisten. Die Organe der Versicherungsträger sind insbesondere zur Auskunftserteilung über alle das Beschäftigungsverhältnis des Hilfsbedürftigen und des Unterhalts- oder Ersatzpflichtigen betreffenden Tatsachen verpflichtet; insoweit finden die Vorschriften des § 142 der Reichsversicherungsordnung des § 346 des Angestelltenversicherungsgesetzes und des § 233 des Reichsknappschaftsgesetzes keine Anwendung. Die Finanzbehörden haben den Fürsorgestellen Auskunft zu geben über die ihnen bekannten Einkommens- und Vermögensverhältnisse des Hilfsbedürftigen und des Unterhalts- oder Ersatzpflichtigen, die Arbeitgeber über Art und Dauer der Beschäftigung, über die Arbeitsstätte und den Arbeitsverdienst.

Die Unterhalts- oder Ersatzpflichtigen haben den Fürsorgestellen bei Anfragen Auskunft über alle für die Fürsorge erheblichen Tatsachen zu geben.

Gegen Arbeitgeber, die eine Auskunft, zu der sie nach Abs. 1 verpflichtet sind, verweigern, kann eine von der obersten Landesbehörde bestimmte Stelle eine Ordnungsstrafe bis zu 150 Reichsmark verhängen. Das Nähere bestimmt die oberste Landesbehörde.

§ 28.

Gebühren- und stempelfrei sind alle gerichtlichen und außergerichtlichen Verhandlungen und Urkunden, insbesondere Vollmachten, amtliche Bescheinigungen sowie Eintragungen in das Grundbuch, die aus Anlaß der Beantragung, Feststellung, Auszahlung oder des Ersatzes einer vom Fürsorgeverband nach dieser Verordnung zu gewährenden Leistung nötig werden. Die Befreiung erstreckt sich auch auf die in Angelegenheiten der streitenden Gerichtsbarkeit fällig werdenden Gerichtsgebühren und Stempel, soweit diese gesetzlich den Fürsorgeverbänden zur Last fallen.

Die in Abs. 1 Satz 1 vorgesehene Befreiung gilt auch dann, wenn die Leistung von einer anderen, von der obersten Landesbehörde bezeichneten Stelle an Hilfsbedürftige gewährt wird.

8. Richtlinien zu § 1a Abs. 3 des Reichsbeamtengesetzes in der Fassung des Gesetzes vom 30. Juni 1933.

Vom 8. August 1933 (RGBl. I S. 433).

§ 1.

(1) Als nicht arisch gilt, wer von nichtarischen, insbesondere jüdischen Eltern oder Großeltern abstammt. Es genügt, wenn ein Elternteil oder ein Großelternteil nicht arisch ist. Dies ist insbesondere dann anzunehmen, wenn ein Elternteil oder ein Großelternteil der jüdischen Religion angehört hat.

(2) Als Abstammung im Sinne des § 1a Abs. 3 des Reichsbeamtengesetzes gilt auch die außereheliche Abstammung. Durch die Annahme an Kindesstatt wird ein Eltern- und Kindesverhältnis im Sinne dieser Vorschrift nicht begründet.

§ 2.

(1) Wer als Reichsbeamter berufen werden soll, hat nachzuweisen, daß er und sein Ehegatten arischer Abstammung sind. Jeder Reichsbeamte, der eine Ehe eingehen will, hat nachzuweisen, daß die Person, mit der er die Ehe eingehen will, arischer Abstammung ist.

(2) Der Nachweis ist durch Vorlegung von Urkunden (Geburtsurkunde, Heiratsurkunde der Eltern) zu erbringen.

(3) Ist die arische Abstammung zweifelhaft, so ist ein Gutachten des beim Reichsminister des Innern bestellten Sachverständigen für Rasseforschung einzuholen.

§ 3.

Die Richtlinien gelten entsprechend für das Beamtenrecht der Länder, Gemeinden, Gemeindeverbände und der sonstigen Körperschaften, Anstalten und Stiftungen des öffentlichen Rechts. Zur Abgabe von Gutachten ist auch in diesen Fällen der in Nr. 2 Abs. 3 genannte Sachverständige ausschließlich zuständig.

9. Aus der Verordnung über die Einberufung zu Übungen der Wehrmacht.

Vom 25. November 1935 (RGBl. I S. 1358).

§ 4.

Gewährung von Unterstützung.

(1) Wer auf Grund des § 2 Abs. 1 zu einer Übung der Wehrmacht einberufen wird, kann in den im § 6 Abs. 1 und 2 der Verordnung zum Gesetz über die Beurlaubung von Angestellten und Arbeitern für Zwecke der Leibeserziehung vom 19. März 1935 (RGBl. I S. 382) — Leibeserziehungsverordnung — vorgesehenen Fällen auf Antrag für die Dauer der Übung die dort bestimmten Unterstützungen erhalten. § 6 Abs. 3 der Leibeserziehungsverordnung gilt entsprechend. Satz 1 gilt jedoch nicht für die im § 6 Abs. 1 und Abs. 3 Satz 2 der vorliegenden Verordnung genannten Personen.

(2) Für die Stellung des Antrags und für die Auszahlung der Unterstützungen gelten die Vorschriften des § 6 Abs. 4 der Leibeserziehungsverordnung.

(3) Die nach Abs. 1 und 2 zu gewährenden Unterstützungen fallen der Wehrmacht zur Last.

10. Aus der Verordnung zum Gesetz über die Beurlaubung von Angestellten und Arbeitern für Zwecke der Leibeserziehung.

Vom 19. März 1935 (RGBl. I S. 382).

§ 6.

(1) Wer mit seiner Ehefrau oder einem anderen unterhaltsberechtigten Angehörigen, den der Teilnehmer ganz oder überwiegend unterhält, einen gemeinsamen Haushalt führt, erhält für die Dauer der Teilnahme an dem Lehrgang den Betrag, den er als Mietzins für seine Wohnung zu entrichten hat, bis zur Höhe von 200 Reichsmark monatlich. Eigentümern von Eigenheimen können ihre notwendigen Ausgaben für Lasten und Steuern, die auf dem Eigenheim ruhen, ebenfalls bis zur Höhe von 200 Reichsmark erstattet werden, wenn die Voraussetzungen des Satzes 1 erfüllt sind.

(2) Für die Ehefrau eines Teilnehmers am Lehrgang sind an Unterstützung kalendertäglich 1,50 Reichsmark zu zahlen. Der gleiche Betrag ist für jeden über 21 Jahre alten unterhaltsberechtigten Angehörigen, den der Teilnehmer ganz oder überwiegend unterhält, zu zahlen. Für jüngere unterhaltsberechtigte Angehörige, die der Teilnehmer ganz oder überwiegend unterhält, sind kalendertäglich 50 Reichspfennig zu zahlen.

(3) Leistungen des Unternehmers (Arbeitgebers) an den Teilnehmer für die Zeit des Lehrgangs bleiben unberücksichtigt, soweit sie zusammen mit den Unterstützungen das letzte Arbeitsentgelt des Teilnehmers am Lehrgang nicht übersteigen. Der darüber hinausgehende Betrag wird auf die Unterstützung angerechnet.

Schlagwortverzeichnis.

(Die Zahlen bedeuten die Seiten)

Verzeichnis rechtswissenschaftlicher Verlagswerke

Verlag von Georg Stilke in Berlin

I. Rechtsphilosophie und Rechtsgeschichte.

Philosophie des Rechts, von Professor Dr. Julius Binder. LIV und 1063 Seiten. Preis geh. 27,— RM., in Halbleder geb. 32,40 RM. 1925.

Rechtsphilosophie, von Professor D. Dr. Rudolf Stammler. 88 Seiten. Preis geh. 2,75 RM. 1931.
Aus Stammler, Das gesamte deutsche Recht, Band I, Teil I.

Von Brandenburg über Preußen zum Reich. Eine Geschichte der Verfassung und Verwaltung in Brandenburg-Preußen, von Prof. Dr. Ludwig Waldecker. 267 Seiten. Preis in Ganzleinen geb. 9,50 RM. 1935.

Deutsche Rechtsgeschichte mit Einschluß des deutschen Privatrechts, von Professor Dr. Paul Rehme. 132 Seiten. Preis geh. 5,50 RM. 1931.
Aus Stammler, Das gesamte deutsche Recht, Band I, Teil III.

Das Römische Recht, von Professor Dr. Theodor Kipp. 226 Seiten. Preis geh. 7,— RM. 1931.
Aus Stammler, Das gesamte deutsche Recht, Band I, Teil II.

II. Bürgerliches Recht.

Bürgerliches Recht, von Professor Dr. Erich Jung. 734 Seiten. Preis geh. 22,50 RM. 1931.
Aus Stammler, Das gesamte deutsche Recht, Band I, Teil IV.

Kleinwohnungs- und Siedlungsrecht. Eine systematische Zusammenstellung der reichsrechtlichen Bestimmungen zum Kleinwohnungs- (landwirtschaftlichen und vorstädtischen) Siedlungsrecht, Kleingartenrecht, den Bestimmungen über Reichsbürgschaften, Baukredite, Bausparkassen, Steuerbegünstigungen usw. Von Rechtsanwalt Dr. August Dahm. 160 Seiten. Preis in Ganzleinen gebunden 5,50 RM. 1935.
Stilkes Rechtsbibliothek Nr. 144.

Mieterschutzgesetz in der Fassung des Gesetzes vom 27. Oktober 1933 nebst der Verfahrensanordnung in der Fassung vom 27. März 1932. Erläuterte Ausgabe von Rechtsanwalt Dr. August Dahm. Mit Nachtrag. 163 und 4 Seiten. Preis in Ganzleinen geb. 5,— RM. 1936.
Stilkes Rechtsbibliothek Nr. 148.

Gesetzliche Miete. Reichsmietengesetz in der Fassung der Bekanntgabe vom 24. April 1936. Erläutert von Rechtsanwalt Dr. August Dahm. Etwa 100 Seiten. Preis kartoniert etwa 2,75 RM. 1936.
Stilkes Rechtsbibliothek Nr. 153.

Die Preußische Pachtschutzordnung in der Fassung vom 19. September 1927 auf Grund amtlichen Materials erläutert, von Ministerialrat Gustav Wagemann und Geh. Oberjustizrat Senatspräsident Dr. W. Marwitz. 4. Auflage VIII und 380 Seiten. Preis in Ganzleinen geb. 10,80 RM. 1928.
Stilkes Rechtsbibliothek Nr. 4.

Grundbuchordnung für das Deutsche Reich vom 8. August 1935. Mit Anmerkungen und einem Anhang. Von Senatspräsident Dr. Paul Thieme. 2. Auflage. 500 Seiten. Preis in Ganzleinen geb. 14,50 RM. 1936.
Stilkes Rechtsbibliothek Nr. 80.

Die Eheauflösung im neuen deutschen Recht unter Berücksichtigung der neuesten Bestimmungen (Nürnberger Gesetze) und Entscheidungen. Von Rechtsanwalt und Notar Dr. Hermann Auert. 159 Seiten. Preis in Ganzleinen geb. 4,50 RM. 1936.
Stilkes Rechtsbibliothek Nr. 145.

Scheidung und Auseinandersetzung. Eine gemeinverständliche Darstellung der Voraussetzungen und Folgen der Ehescheidung, von Rechtsanwalt Dr. Joachim Reschke. 61 Seiten. Preis kart. 1,75 RM. 1932.

Straßenverkehrsrecht (Reichsgesetz über den Verkehr mit Kraftfahrzeugen) mit den einschlägigen Nebenbestimmungen, insbesondere der **Reichsstraßen-Verkehrsordnung** und einem technischen Leitfaden mit Abbildungen, von Geh. Regierungsrat Ministerialrat Dr. Fritz Müller. XII und 932 Seiten. 10. Auflage des „Automobilgesetzes". Preis in Ganzleinen geb. 22,50 RM. 1935.
Stilkes Rechtsbibliothek Nr. 44.

Grundriß des Treuhandrechts. Eine systematische Darstellung mit Einleitung und ausführlichem Sachregister, von Syndikus Dr. Johannes Hein. 311 Seiten. Preis geh. 8,10 RM., in Ganzleinen geb. 9,— RM. 1929.

Internationalprivatrecht, von Professor Dr. Max Gutzwiller. 150 Seiten. Preis geh. 4,75 RM. 1931.
Aus Stammler, Das gesamte deutsche Recht, Band I, Teil VIII.

III. Handels- und Wirtschaftsrecht.

Handels-, Wechsel- und Seerecht, von Professor Dr. Eugen Locher. 221 Seiten. Preis geh. 6,50 RM. 1931.
Aus Stammler, Das gesamte deutsche Recht, Band I, Teil V.

Wechselgesetz und Scheckgesetz mit Anmerkungen und den Texten der Nebengesetze. Von Albert Esderts. 224 Seiten. Preis in Ganzleinen geb. 5,50 RM. 1935.

Umwandlungsgesetz, Steuererleichterungsgesetz, Anleihestockgesetz. Umwandlung von Kapitalgesellschaften in Personalgesellschaften und Einzelunternehmen. Erläutert von Rechtsanwalt Helmut Laß. 240 Seiten. Preis in Ganzleinen geb. 5,— RM. 1935.
Stilkes Rechtsbibliothek Nr. 139.

Das Recht der deutschen Kartelle. Eine einführende Gesamtdarstellung mit den Texten der einschlägigen Verordnungen, von Professor Dr. Otto Eger. VIII und 193 Seiten. Preis geh. 5,— RM., in Ganzleinen geb. 6,— RM. 1932.

IV. Erbhofrecht.

Die Rechtsgeschäfte des Erbhofrechts. Eine übersichtliche Darstellung mit geschichtlicher Einleitung und Musterbuch von Rechtsanwalt und Notar Dr. Zimmer. 207 Seiten. Preis in Ganzleinen geb. 4,50 RM. 1935.
Stilkes Rechtsbibliothek Nr. 142.

V. Arbeits- und Sozialrecht.

Die Arbeitsgesetze in einem Band mit Erläuterungen aus der höchstrichterlichen Rechtsprechung des Reichsarbeitsgerichts und der Landesarbeitsgerichte, von Ministerialrat Gustav Wagemann. Mit einem Geleitwort von Reichsminister a. D. Dr. Brauns. Zweite Auflage. XV und 1176 Seiten. Preis in Ganzleinen geb. 10,— RM. 1933.
Sammlung arbeitsrechtlicher Gesetze, Bd. I.

Die arbeitsrechtlichen Vorschriften der allgemeinen Gesetze (Arbeitsvertragsrecht) mit Erläuterungen aus der höchstrichterlichen Rechtsprechung des Reichsarbeitsgerichts und der Landesarbeitsgerichte von Reichsgerichtsrat i. R. Dr. Czolbe, fr. stellvertr. Vorsitzender des Reichsarbeitsgerichts, und Staatsrat und Präsident des Preuß. Erbhofgerichts Wagemann. Preis in Ganzleinen geb. 15,— RM. 1934.
Sammlung arbeitsrechtlicher Gesetze, Bd. II.

Beide Bände zusammen bezogen 22,50 RM.

Soziale Ehrengerichtsbarkeit. Von Rechtsanwalt Dr. Carl Falck. 39 Seiten. Preis geheftet 1,20 RM. 1936.

Handwerkliche Ehrengerichtsbarkeit. Von Dr. Walter Kraegeloh. 64 Seiten. Preis kartoniert 1,50 RM. 1936.

Das Schwerbeschädigtengesetz. Kommentar zum Gesetz über die Beschäftigung Schwerbeschädigter, von Dr. Dr. Richard Knaak. XVI und 217 Seiten. Preis in Ganzleinen geb. 4,50 RM. 1928.
Stilkes Rechtsbibliothek Nr. 72.

Mutterschutz. Das Reichsgesetz über die Beschäftigung vor und nach der Niederkunft vom 16. Juli 1927 unter Beifügung der einschlägigen Nebengesetze, erläutert von Rechtsanwalt Dr. Hans von Kunitzki-Neu. 160 Seiten. Preis in Ganzleinen geb. 3,60 RM. 1929.
Stilkes Rechtsbibliothek Nr. 85.

Frauenschutz, Schutz der Jugendlichen und Kinder, Hausarbeitsgesetz. Eine Sammlung der hierauf bezüglichen Gesetze und Verordnungen des Reiches und Preußens mit Erläuterungen von Ministerialrat Gustav Wagemann und Geh. Oberjustizrat Senatspräsident i. R. Dr. Friedrich Preiser. 191 Seiten. Preis kart. 3,20 RM. 1933.

VI. Geistig-gewerblicher Rechtsschutz.

Urheber- und Erfinderrecht, von Professor Dr. Hermann Nottarp. 62 Seiten. Preis geh. 2,50 RM. 1931.
Aus Stammler, Das gesamte deutsche Recht, Band I, Teil VI.

Patentgesetz vom 5. Mai 1936 nebst **Gebrauchsmustergesetz** vom 5. Mai 1936. Erläutert von Oberregierungsrat Dr. Rudolf Busse. Etwa 500 Seiten. Preis in Ganzleinen geb. etwa 13,50 RM. 1936.
Stilkes Rechtsbibliothek.

Warenzeichengesetz vom 5. Mai 1936 nebst Pariser Verbandsübereinkunft und Madrider Abkommen, erläutert von Oberregierungsrat Dr. Rudolf Busse. 2. Auflage, etwa 450 Seiten. Preis in Ganzleinen geb. etwa 12,— RM. 1936.
Stilkes Rechtsbibliothek.

Das Deutsche Geschmacksmusterrecht. Kommentar zum Reichsgesetz betr. das Urheberrecht an Mustern und Modellen (vom 11. Juni 1876) und den internationalen Verträgen betr. das Musterrecht, von Reichsgerichtsrat Professor Dr. Werner Pinzger. 225 Seiten. Preis in Ganzleinen geb. 7,— RM. 1932.
Stilkes Rechtsbibliothek Nr. 129.

VII. Zivilprozeßrecht.

1. Zivilprozeßordnung.

Zivilprozeßordnung für das Deutsche Reich (Fassung der Bekanntmachung vom 8. November 1933), Textausgabe mit Inhaltsverzeichnis und Sachregister. 318 Seiten. Preis geb. 2,50 RM. 1934.
Stilkes Textausgaben Nr. 21.

2. Konkurs- und Vergleichsordnung.

Konkursrecht, von Professor Dr. Ludwig Laß. 69 Seiten. Preis geh. 2,75 RM. 1931.
Aus Stammler, Das gesamte deutsche Recht, Band II, Teil X.

Vergleichsordnung vom 26. Februar 1935. Erläutert von Dr. Heinrich Eisold. Etwa 320 Seiten. Preis in Ganzleinen geb. etwa 8,— bis 10,— RM. In Vorbereitung.
Stilkes Rechtsbibliothek Nr. 118.

Die Einzelgläubigeranfechtung auf der Grundlage des Reichsgesetzes betr. die Anfechtung von Rechtshandlungen eines Schuldners außerhalb eines Konkursverfahrens vom 21. Juli 1879 in der Fassung der Bekanntmachung des Reichskanzlers vom 20. Mai 1898, unter Berücksichtigung der Abänderung durch die Vergleichsordnung vom 5. Juli 1927, erläutert von Amtsgerichtsrat Dr. Paul Schäfer. 263 Seiten. Preis in Ganzleinen geb. 6,75 RM. 1930.
Stilkes Rechtsbibliothek Nr. 105.

3. Kostengesetze.

Das deutsche Gerichtskostengesetz. Mit Erläuterungen und Kostentafeln sowie den Gebührenordnungen für Rechtsanwälte, für Zeugen und Sachverständige und für Gerichtsvollzieher, und sonstigen reichsrechtlichen Kostenvorschriften, herausgegeben von Ministe-

rialrat Dr. Martin Jonas. Zweite neubearbeitete und erweiterte Auflage. 464 Seiten. Preis in Ganzleinen geb. 9,— RM. 1927.
Stilkes Rechtsbibliothek Nr. 16.

Kostenordnung. Von Kammergerichtsrat Gerhard Rusche. 300 Seiten. Preis in Ganzleinen geb. 10,— RM. 1936.
Stilkes Rechtsbibliothek Nr. 150.

VIII. Strafrecht und Strafprozeßrecht.

Strafrecht, von Professor Dr. August Finger. 275 Seiten. Preis geh. 6,50 RM. 1932.
Aus Stammler, Das gesamte deutsche Recht, Band II, Teil XII.

Militärstrafgesetzbuch in der Fassung der Bekanntmachung vom 16. Juli 1926, von Geh. Kriegsrat Ministerialrat Wilhelm Fuhse. Zweite Auflage. XV und 338 Seiten. Preis in Ganzleinen geb. 7,20 RM. 1926.
Stilkes Rechtsbibliothek Nr. 19.

Gesetz gegen Waffenmißbrauch, erläutert von den Ministerialräten Dr. Werner Hoche und Kurt Schönner. 55 Seiten. Preis kart. 1,45 RM. 1931.
Stilkes Rechtsbibliothek Nr. 116.

Das Feld- und Forstpolizeigesetz in der Neufassung vom 21. Januar 1926, **Das Forstdiebstahlsgesetz** und die übrigen preußischen Gesetze zum Schutz von Feld und Forst mit den ministeriellen Ausführungsanweisungen. Zusammengestellt und erläutert von Ministerialrat Gustav Wagemann, unter Mitwirkung von Oberforstmeister Kranold. VIII und 273 Seiten. Preis in Ganzleinen geb. 9,— RM. 1926.
Stilkes Rechtsbibliothek Nr. 48.

Die Preußischen Dienststrafordnungen für Beamte und Richter. Erläutert von Ministerialrat Dr. Hermann Wittland. VIII und 820 Seiten. Preis in Ganzleinen geb. 19,50 RM. 1935.
Stilkes Rechtsbibliothek Nr. 136.

IX. Staatsrecht.

Grundzüge des Allgemeinen Staatsrechts, von Professor Dr. Gustav Seidler. VIII und 218 Seiten. Preis geh. 5,40 RM., in Ganzleinen geb. 6,75 RM. 1929.

Das Deutsche Volk als Gemeinschaft. Eine kritische Wertung der deutschen Staatslehre, von Dr. Helmut Allardt. 102 Seiten. Preis in Halbleinen geb. 3,75 RM. 1935.

Der Deutsche Arbeitsdienst. Eine staatsrechtliche Untersuchung über die Idee und Gestalt des Deutschen Arbeitsdienstes und seine Stellung in der Gesamtstaatsstruktur. Von Dr. jur. Peter Hußmann. VIII und 118 Seiten. Preis kartoniert 4,50 RM. 1935.

Staatsrecht, von Privatdozent Dr. Gustav Adolf Walz. 200 Seiten. Preis geh. 5,— RM. 1931.
Aus Stammler, Das gesamte deutsche Recht, Band II, Teil XI.

Von Brandenburg über Preußen zum Reich. Eine Geschichte der Verfassung und Verwaltung in Brandenburg-Preußen, von Professor Dr. Ludwig Waldecker. 267 Seiten. Preis in Ganzleinen geb. 9,50 RM. 1935.

Das Deutsche Staatsangehörigkeitsrecht. Das Reichs- und Staatsangehörigkeitsgesetz vom 22. Juli 1913 nebst Erläuterungen sowie sämtlichen späteren reichs- und landesrechtlichen Abänderungsbestimmungen, von Privatdozent Landgerichtsrat Dr. Walter Schätzel. 191 Seiten. Preis in Ganzleinen geb. 4,50 RM. 1928.
Stilkes Rechtsbibliothek Nr. 77.

X. Verwaltungsrecht.

Der Auswärtige Dienst des Deutschen Reiches (Diplomatie und Konsularwesen). Eine Sammlung von Gesetzen, Verträgen, Verordnungen, Runderlassen und Zusammenstellungen, die für den auswärtigen Dienst, insbesondere den konsularischen Dienst des Deutschen Reiches von besonderer Bedeutung sind. Texte mit Anmerkungen, Verweisungen und einem Sachregister. Auf Veranlassung des Auswärtigen Amts herausgegeben von Professor Dr. Herbert Kraus. L und 1216 Seiten. Preis in Ganzleinen geb. 55,— RM. 1932.

Das Deutsche Paß- und Fremdenrecht. Auf Grund amtlicher Quellen zusammengestellt und erläutert von Ministerialrat Johannes Krause und Oberverwaltungsgerichtsrat Bernhard Wolff. In Vorbereitung.
Stilkes Rechtsbibliothek Nr. 37.

Wehrrecht. Wehrgesetz vom 21. Mai 1935 nebst einschlägigen Nebenbestimmungen. Textausgabe von Geh. Kriegsrat, Ministerialdirigent Paul Semler und Oberregierungsrat Dr. Otto Senftleben. 112 Seiten. Preis kartoniert 1,50 RM. 1935.
Stilkes Rechtsbibliothek Nr. 141.

Wehrgesetz vom 21. Mai 1935 mit Erläuterungen von Geh. Kriegsrat, Ministerialdirigent Paul Semler und Oberregierungsrat Dr. jur. Otto Senftleben. 170 Seiten. Preis in Ganzleinen geb. 5,— RM. 1936.
Stilkes Rechtsbibliothek Nr. 147.

Arbeitsdienstrecht. Reichsarbeitsdienstgesetz nebst einschlägigen Gesetzen und Verordnungen. Zusammengestellt von Rechtsanwalt Dr. August Dahm. Etwa 130 Seiten. Preis broschiert etwa 3,20 RM. 1936.
Stilkes Rechtsbibliothek Nr. 152

Fernmelderecht und Rundfunkrecht. Dritte Auflage des „Funkrechts", von Ministerialrat Dr. Eberhard Neugebauer. XII und 1016 Seiten. Preis in Ganzleinen geb. 21,60 RM. 1929.
Stilkes Rechtsbibliothek Nr. 33.

Reichshaushaltsordnung vom 31. Dezember 1922 / 8. März 1930 / 13. Dezember 1933 nebst den Wirtschaftbestimmungen für das Reich. Erläutert von Ministerialdirigent R. Schulze und Mi-

nisterialrat Dr. E. Wagner. Dritte Auflage. 958 Seiten. Preis in Ganzleinen geb. 18,— RM. 1934.
Stilkes Rechtsbibliothek Nr. 20.

Rechnungslegungsordnung für das Reich vom 3. Juni 1929 (RRO.), mit Erläuterungen von Geh. Oberregierungsrat Ministerialdirigenten i. R. R. Schulze und Ministerialrat Dr. E. Wagner. 644 Seiten. Preis in Ganzleinen geb. 16,20 RM. 1930.
Stilkes Rechtsbibliothek Nr. 100.

Reichskassenordnung vom 6. August 1927 (RKO.), mit Erläuterungen von Geh. Oberregierungsrat Ministerialdirigenten i. R. R. Schulze und Ministerialrat Dr. E. Wagner. 666 Seiten. Preis in Ganzleinen geb. 16,20 RM. 1930.
Stilkes Rechtsbibliothek Nr. 92.

Das Reichsversorgungsgesetz vom 12. Mai 1920, **Altrentnergesetz** vom 18. Juli 1921 und **Kriegspersonenschädengesetz** vom 15. Juli 1922, sämtlich in der Fassung der Bekanntmachung vom 22. Dezember 1927. Textausgabe mit Anmerkungen von Oberregierungsrat Dr. Dr. Carl Arendts. 593 Seiten. Preis in Ganzleinen geb. 13,50 RM. 1928.
Stilkes Rechtsbibliothek Nr. 78.

Die Versorgung der ehemaligen aktiven Offiziere (einschließlich ihrer Hinterbliebenen) der alten Wehrmacht (Heer und Marine) nach dem Stande vom 1. April 1932, von Senatspräsident Dr. Dr. Carl Arendts. Mit Nachtrag. XII, 500 und 114 Seiten. Preis in Ganzleinen geb. 14,30 RM. 1927.
Stilkes Rechtsbibliothek Nr. 62.

Die Gesetze über Schußwaffen und Munition sowie gegen Waffenmißbrauch vom 12. April 1928 und 28. März 1931 nebst waffenrechtlichen Nebengesetzen, bearbeitet von Ministerialrat Gustav Wagemann und Geh. Justizrat Kammergerichtsrat i. R. Dr. Delius. Wesentlich vermehrte zweite Auflage. 225 Seiten. Preis in Ganzleinen geb. 5,40 RM. 1931.
Stilkes Rechtsbibliothek Nr. 81.

Reichsjagdgesetz vom 3. Juli 1934. Erläutert von Rechtsanwalt Hans Joachim Poppe. 230 Seiten. Preis in Ganzleinen geb. 4,50 RM. 1935.
Stilkes Rechtsbibliothek Nr. 140.

Das Weingesetz vom 25. Juli 1930 nebst Ausführungsbestimmungen vom 16. Juli 1932 und Weinzollordnung. Erläutert von Geh. Regierungsrat Reichsfinanzrat Ernst Hepp. 234 Seiten. Preis in Ganzleinen geb. 4,80 RM. 1933.
Stilkes Rechtsbibliothek Nr. 134.

Reichs-Rechtsanwaltsordnung in der Fassung des Gesetzes vom 21. Februar 1936. Erläutert von Oberstaatsanwalt im Reichsjustizministerium Dr. jur. Günther Vollmer. 176 Seiten. Preis in Ganzleinen geb. 5,50 RM. 1936.
Stilkes Rechtsbibliothek Nr. 149.

XI. Steuerrecht.

Lehrbuch des Steuerrechts, von Regierungsrat Dr. Julius Crisolli. I. Teil: Allgemeines Steuerrecht. XV und 424 Seiten. Preis geh. 11,— RM. 1933.

Einkommensteuergesetz vom 16. Oktober 1934 mit Anhang (**Bürgersteuergesetz** vom 16. Oktober 1934). Erläutert von Oberregierungsrat Dr. Schillinger, Oberregierungsrat Hasse † und Regierungsassessor Dr. Schick. 881 Seiten. Preis in Ganzleinen geb. 18,— RM. 1935.
Stilkes Rechtsbibliothek Nr. 138.

Veranlagungsrichtlinien zur Einkommensteuer und Körperschaftsteuer für 1935. Nachtrag zum „Einkommensteuergesetz". 75 Seiten. Preis geheftet 1,— RM. 1936.
Stilkes Rechtsbibliothek Nr. 138a.

Das Recht der Lohnsteuer, von Dr. Werner Spohr. Etwa 256 Seiten. Preis in Ganzleinen geb. etwa 7,50 RM. 1936.
Stilkes Rechtsbibliothek Nr. 151.

Das Bürgersteuergesetz vom 16. Oktober 1934 in der Fassung des Änderungsgesetzes vom 16. Oktober 1935 mit der Durchführungsverordnung und den Verwaltungsvorschriften nebst der Saarland-Bürgersteuerverordnung vom 28. Oktober 1935. Für die Praxis erläutert von Regierungsassessor Dr. Hugo Schick. 133 Seiten. Preis in Ganzleinen geb. 3,20 RM. 1936.
Stilkes Rechtsbibliothek Nr. 146.

Umsatzsteuergesetz (UStG) vom 16. Oktober 1934 nebst Durchführungsbestimmungen (UStDB) vom 17. Oktober 1934 und Ausgleichsteuerordnung (AStO) in der Fassung vom 17. Oktober 1934. Erläutert von Oberregierungsrat Ernst Beck, 400 Seiten. Preis in Ganzleinen geb. 7,— RM. 1935.
Stilkes Rechtsbibliothek Nr. 137.

Das Tabaksteuergesetz in der Fassung des Gesetzes vom 15. April 1930 mit Erläuterungen sowie die Tabaksteuer-Ausführungsbestimmungen mit Mustern und Anlagen, bearbeitet von Reichsfinanzrat Hans Arlt. Zweite neubarbeitete Auflage. Mit Nachtrag. XII, 663 und 80 Seiten. Preis in Ganzleinen geb. 18,90 RM. 1930.
Stilkes Rechtsbibliothek Nr. 42.

Urkundensteuergesetz (UrkStG) vom 5. Mai 1936. Bearbeitet von Kammergerichtsrat Gerhard Rusche und Amts- und Landrichter Dr. Rensch. Etwa 260 Seiten. Preis in Ganzleinen geb. 8,— RM. 1936.
Stilkes Rechtsbibliothek Nr. 154.

Wechselsteuergesetz vom 2. September 1935 mit Nebenbestimmungen. Zusammengestellt von Reg.-Oberinspektor Fritz Fricke. 59 Seiten. Preis kartoniert 1,20 RM. 1935.
Stilkes Rechtsbibliothek Nr. 143.

Steuerersparungen, Steuererleichterungen und Härteverfahren im Deutschen Steuerrecht, von Syndikus Dr. Johannes Hein. 148 Seiten. Preis in Ganzleinen geb. 3,50 RM. 1933.
Stilkes Rechtsbibliothek Nr. 132.

XII. Völkerrecht.

Völkerrecht, von Professor Dr. Ernst Wolgast. 307 und XVIII Seiten. Preis geh. 12,— RM. 1934.
Aus Stammler, Das gesamte deutsche Recht, Bd. II, Teil XIII.

Vom Wesen der gesellschaftlichen Sicherheit. Von Dr. Gerhart Niemeyer, Referent am Institut für internationale Rechts- und Wirtschaftsforschung in Madrid. 42 Seiten. Preis geheftet 1,—RM. 1935.

Die Satzung des Völkerbundes. Mit Erläuterungen von Professor Dr. Freiherr von Freytagh-Loringhoven. XXIV und 379 Seiten. Preis in Ganzleinen geb. 7,20 RM. 1926.
Stilkes Rechtsbibliothek Nr. 51.

Deutschlands Verträge gegen den Krieg. System des für Deutschland geltenden Kriegsverhütungsrechts, von Dr. Werner Gramsch. 162 Seiten. Preis geh. 3,— RM. 1932.

Das Recht der Minderheiten. Materialien zur Einführung in das Verständnis des modernen Minoritätenproblems, zusammengestellt und mit Anmerkungen versehen von Professor Dr. Herbert Kraus. 365 Seiten. Preis in Ganzleinen geb. 9,— RM. 1927.
Stilkes Rechtsbibliothek Nr. 57.

FSC
www.fsc.org
MIX
Papier | Fördert
gute Waldnutzung
FSC® C083411

Kolibri 360 GmbH
Ferdinand-Jühlke-Straße 7
99095 Erfurt, Deutschland
produktsicherheit@kolibri360.de